정책연구
2024-10

거시모형을 통한 노동시장 미시적 기반 이해

방형준 · 강신혁

한국노동연구원

목 차

표 목 차

그림목차

요 약

본 연구는 경제학, 그중에서도 거시경제학에서 최근 활발하게 이루어지고 있는 데이터 과학을 경제학에 접목시키는 작업이나 자연과학의 툴을 경제학에 접목시키는 것을 시도하기 위한 일환으로 수행된 연구이다. 첫 번째 연구 방향은 제2장에서 경제주체들의 이질성을 집적 모형 내에 부여함과 동시에 경제주체들이 스스로 학습을 하면서 주어진 정보를 업데이트하여 최적화하는 인공지능 기법을 전통적인 거시 모형에 접목시킨 연구이다. 특히 경제주체들이 지속적으로 시장으로부터 받는 정보와 자신이 가진 정보를 매칭하여 업데이트하는 강화학습 모형이 주목받고 있는데, 이를 바탕으로 다중주체 강화학습 모형을 통해 노동시장의 전통적인 변수들인 임금이나 노동공급의 변화를 추적하였다. 두 번째 연구 방향을 경제학에 적용시킨 제3장은 열역학 모형을 거시경제 모형으로 변형하여 적용함으로써 자연과학의 시뮬레이션 방법을 거시경제에 적용할 때의 가능성과 한계를 살펴봄과 동시에, 자산 분배에 초점을 맞추어 정부를 포함한 다양한 경제 환경 변수의 변화가 균형에서의 소득 분포나 소득 수준에 어떠한 영향을 주는지를 살펴보았다.

제2장에서는 최근 경제학 분석에서 활용되고 있는 인공지능(Artificial Intelligence : AI) 방법론 중, 경제를 시뮬레이션하는 구조 모형을 발전·적용하고자 하는 방법론들에 대해 분석하고 향후 발전 방향을 논의하였다. 거시경제학에서는 동태적 확률 일반균형(Dynamic Stochastic General Equilibrium : DSGE) 모형에서 이질적 경제주체를 다루는 경제 모형을 활용하여 왔다. 글로벌 금융위기 시기에는 실물시장만을 중점적으로 고려해 왔다는 비판이 존재하였고 최근에는 이질적 경제주체 뉴케인지언(Heterogeneous Agent New Keynesian : HANK) 모형이 발전·개발되었지만 근본적인 패러다임을 혁신하는 변화는 있지 않았다. AI 방법론 중

최근에도 개발되고 있는 다중주체 강화학습(Multi-Agent Reinforcement Learning : MARL)이 여러 주체(agent)들의 행위를 학습시킬 수 있다는 측면에서 AI Economist, TAX AI 등의 방법론들이 제시되었다. 해당 연구들은 기존 경제학에서 개별 경제주체들의 최적화를 도출하는 방법을 유지하면서 비선형적 · 비모수적 최적화 문제 혹은 근사함수 도출 문제에서 유용할 수 있다는 가능성을 보인 것으로 판단하였다. 심층학습(Deep Learning)을 실제로 이질적 경제주체 DSGE 모형에 적용하여 계산한 사례와 함께 방법론의 장단점을 논의하고, 최적 소득세 문제를 정량적으로 분석할 때 심층 강화학습(Deep Reinforcement Learning)이 어떻게 도움이 될 수 있는지를 논의하였다.

AI 방법론은 모수를 특정할 수 없는 복잡하고, '차원의 저주' 해결이 필요한 경제학 문제에 도움을 줄 수 있기 때문에 발전 가능성이 크다. 하지만 동시에 경제학자와 데이터 과학자 모두 각 전공에서의 전문적인 측면을 최대한 살려서 엄밀하게 접근하고, 방법론이 문제에 접근해야 융합효과가 커질 수 있음을 시사한다. 또한 양쪽 방법론이 긍정적인 방향으로 발전하고 양질의 데이터가 더 많이 가용하게 되면 개인 상황에 따른 맞춤형 정책이 도출 가능하고 실현할 수 있음 역시 논의할 수 있다. 경제학에서는 이론적으로, 만약 행정비용, 관측 가능성, 실현 가능성 등이 뒷받침 되는 경우, 소득세가 구간 함수가 아닌 개별 상황에 따라 모두 다를 수 있음을 논의하여 왔다. 다만 이와 같은 경우, 보통 이질성이 단순화되는 가정 등이 필요하였는데 만약 방법론과 데이터 모두 개선되면 실제로 개별 맞춤형 정책이 가능할 수 있을 것이다. 이를 위한 준비를 학자와 정책입안자 모두 미리 할 수 있다면 사회후생을 증진시킬 수 있는 정책 개선이 가능할 것으로 보인다.

제3장에서는 자연과학에서 많은 수의 분자나 원자를 대상으로 하는 시뮬레이션 방법론을 원용하여 이질적 특성을 가진 여러 개인으로 이루어진 거시경제를 시뮬레이션하는 모형을 구축하였다. 해당 모형에서 개인은 초기에 주어진 자본 금액과 생산성 충격을 받냐 아니냐로 이질성을 띠며, 그 외의 효용 함수나 세율 등 자본 거래와 관련된 변수에서는 모두

동일하다. 해당 모형에서는 경제 내 거래의 활성화 정도와 연관된 마찰의 정도, 주고받는 자본의 규모나 비율, 납세 범위와 세율 및 재분배 대상, 생산성 충격의 정도와 주기, 자본 소득의 유무 등 다양한 조건을 달리하며 캘리브레이션함으로써 각 요소가 최종적인 균제 상태에서의 소득 분포와 경제 내 자산 규모에 어떠한 영향을 미치는지를 살펴보았다. 그 결과 캘리브레이션을 통해 다음의 몇 가지 결론을 얻었다. 첫째로 현실에서는 정부의 재정 정책과 조세 정책이 반드시 재분배의 교정만을 목표로 하지는 않으나, 본 모형의 캘리브레이션 결과에 따르면 재분배를 위해서 가장 효율적인 조세 정책과 재정 정책은 모든 경제주체들로부터 세금을 걷어서 모든 경제주체들에 세금을 나누어 주기보다는 자본 격차가 중간값이나 평균과 크게 떨어진 상하위 집단에 집중하는 것이 경제 내 소득 격차를 빠르게 줄일 수 있는 방법이었다. 둘째로 정부의 개입에 따른 재분배 효과는 자산 분포가 불균등한 초기에는 효과가 크나, 일정 수준의 재분배가 이루어진 후에는 도리어 경제적 효율을 저해하고 자산의 분포를 불균등하게 만드는 역효과를 내었다. 또한 자산 소득은 존재 자체로 자산 불평등을 야기하기 때문에 그 효과를 교정하기 위해서는 조세 정책과 재분배 정책을 통한 정부의 적절한 개입이 필요하다는 점도 확인되었다.

이처럼 거시경제학에서 다루는 경제 모형은 미시적 기초(micro-foundation) 이후로 데이터 과학이나 물리학 및 생물학에서의 모형을 응용할 수 있음이 확인되었다. 본 연구에서 제시한 모형이 경제주체들의 이질성을 허용하는 가장 효율적이고 바람직한 거시경제 모형이나 노동시장 분석 툴은 아닐 것이나, 해당 모형들을 통해 이론적 접근을 보다 정치하게 할 수 있을 뿐만 아니라 다양한 정책적 시사점을 도출하는 것도 가능함이 확인되었기에, 향후 더 많은 연구를 통해 경제학에서의 시뮬레이션 모형이 보다 풍성해지고 폭넓은 주제를 다룰 수 있기를 바라본다.

제 1 장
서 론

제1절 연구의 배경

최근 20~30년간 컴퓨터 하드웨어 성능에서의 비약적인 발전과 소프트웨어에서의 기술 진보는 비단 우리의 일상생활뿐만이 아니라 학계 역시 크게 바꾸어 놓았다. 이러한 학계의 변화는 컴퓨터 사이언스나 과학기술 분야에만 국한되지 않고 경제학에까지도 영향을 미쳤다. 과거 경제학에서는 일반적으로 대표적 개인(representative agent)으로 대변되는 단일 경제주체만이 존재하는 거시경제를 상정한 후, 대표적 개인의 행동이 거시경제 내의 모든 주체들의 평균적인 행동이라 간주하였다. 정부 분야를 거시경제 모형에 추가하는 경우에도, 정부가 여러 경제주체 중 하나로서 존재하기보다는 주로 사회적 설계자(social planner)라고 가정하거나 혹은 단순히 다른 주체들로부터 세금을 징수하여 이를 경제 내에 재분배하는 역할에만 머물렀다.

그러나 하드웨어와 소프트웨어의 발전으로 인해 연산 능력이 향상되어 시뮬레이션에 소요되는 시간이 대폭 단축됨에 따라 다수의 경제주체가 존재하는 상황을 상정하고 경제의 동태를 파악하거나 외생적 충격에 따른 거시경제의 변화를 분석하는 연구들이 증가하고 있다. 예를 들어, 과거에는 경제주체가 2~3인을 넘어서도 경제의 균제 상태를 계산하는 것이 불가능에 가까웠으나, 최근에는 수십만 명의 경제주체가 존재하는 경우에도 균제 상태가 존재하는지, 그리고 존재한다면 그 양태는 어떠한지를 탐색하는 연구가 많아지고 있다.

대표적 개인을 가정한 거시경제 모형은 경제 전체의 동태를 직관적이고 쉽게 이해할 수 있도록 한다는 점에서 분명 장점이 있다. 그러나 다수의 개인이 일정한 제약 조건하에서 최적화를 한다고 하여도 그러한 다수의 개인 행동 평균이, 심지어 전략적인 상황이 아니라 하여도, 평균적인 개인 혼자의 행동과는 다를 수 있다는 것은 이미 여러 연구에서 증명된 바 있다. 따라서 최근에는 루카스 비판(Lucas critique)을 수용하여 미시경제학적 기초(microeconomic foundation)에 근거한 거시경제 모형을 이용하는 것이, 특히나 시뮬레이션에서는 일반적인 경향으로 자리 잡았다.

그러나 여러 소비자와 생산자를 가정한 거시경제 모형이라 하여도 분석의 목적이나 방향에 따라 모형의 구조는 상이(相異)할 수 있다. 예를 들어, 생산성에 충격이 가해졌을 때 거시경제의 동학을 살펴보고자 한다면, 개별 소비자의 효용 함수나 여가와 소득 간의 대체 관계 등은 중요하게 다룰 필요 없이 일정한 가정으로 처리할 수 있다. 반면 사회적 후생 문제를 다루고자 하는 시뮬레이션에서는 생산성이나 생산 함수에 대해서는 일정하다거나 시간불변하여 고정되어 있다고 상정해도 무방할 것이다. 생산함수, 자본-노동 대체율, 소비자 후생, 기업의 생산성, 인적자본, 조세제도 및 정부의 재정 준칙 등 경제의 모든 중요한 요소를 고려한 모형은 정확성을 높일 수 있으나, 분석하고자 하는 상황에서 거시경제가 일정한 균제 상태로 수렴하지 않을 가능성이 존재하는 데다가, 설령 균형이 존재한다 하여도 그 해를 찾는 데 지나치게 긴 시간이 소요될 가능성이 있다. 오히려 분석 목적에 부합하도록 간단한 거시경제 모형을 구축한 후, 이를 다양한 환경에서 시뮬레이션하여 그 결과를 비교하는 것이 외생적 충격에 의한 영향 및 거시경제의 동태를 이해하는 데 있어 보다 직관적이고 효율적인 방법일 것이다.

따라서 본 연구에서도 각 장마다 연구의 목적에 맞게 다양한 경제주체들이 존재하는 거시경제 모형을 구축한 후, 다양한 환경과 충격하에서 거시경제의 동학을 살펴보고자 한다. 또한 일반적인 컴퓨팅 조건하에서 기존의 간단한 대표적 개인에 의한 모형이 아닌 실제 여러 경제주체들이 존재하는 거시경제 모형을 시뮬레이션하는 것이 가능한지, 어느 정도의 시간이 소요되는지 등를 탐색해 보는 것 역시 본 보고서의 부수적인 목적 중 하나이다.

본 연구는 크게 두 가지 방향으로 이루어진다. 첫째, 다중주체 강화학습(Multi-Agent Reinforcement Learning, 이하 MARL) 방법론을 활용해 거시경제 동학을 분석한 문헌을 검토하고, 현재 단계에서 이론적으로 원활하게 적용이 가능한 심층학습(Deep Learning, 이하 DL) 또는 심층 강화학습(Deep Reinforcement Learning, 이하 DRL)을 활용한 거시경제 및 최적조세 모형을 간단히 분석하였다. 최근 데이터 과학자와 경제학자들이 MARL을 활용하여 최적조세 – AI Economist 등 – 와 실물경기변동(Real Business-Cycles)을 분석한 연구가 제시되었다. 해당 연구는 새로운 가능성을 제시한 반면, 동시에 면밀히 검토하여 개선시킬 부분이 존재한다. 이 가능성과 검토해야 하는 부분을 논의하면서 최근 거시경제학 구조모형 문헌에서 적용하기 시작한 심층학습(DL) 혹은 검토하고 있는 심층 강화학습(DRL)이 기존 이론과 원활하게 융합되면서 활용 가능함을 논의하였다.

둘째, 주요 목적은 여러 경제주체들이 본인의 노동력과 재화를 교환하는 경우를 상정한 후, 초기의 분배상태, 교환법칙, 외생적 충격 등에 의해 최종적인 소득 분배 상태가 어떻게 변화하는지를 모형을 구축하여 살펴보는 것이다. 기존의 소득 분배에 대한 연구는 주로 소득 분배의 불균등한 정도를 측정하는 방법과 그 결정 요인에만 주로 초점이 맞추어져 있었다. 따라서 거시경제 전체를 지니계수(Gini coefficient)라는 단일한 지수로 대변시킨 후, 국가 간 비교를 하거나 시계열 분석을 통해 소득 분배의 불균등한 정도가 시간이 흐름에 따라 어떻게 변화하는지, 개선이나 악화를 결정하는 요인은 무엇인지를 탐색하곤 했다. 그러나 지니계수가 전체 경제의 소득 분배 상태를 항상 잘 대변하는 것도 아니며, 또한 최종적인 균제 상태에 이르는 데 얼마나 시간이 걸리는지, 균제 상태에 도달하는 과정에서의 분배 상황은 어떠한지 역시 중요한 요소이다. 따라서 많은 경제주체들이 존재하는 경제를 상정한 후, 다양한 내·외생적 조건에 따라 경제 전체의 소득 분배가 균형으로 수렴하는 속도, 그 과정에서의 소득 분배의 양상, 최종적인 소득 분포 등을 모두 살펴볼 수 있는 시뮬레이션 모형을 구축하고자 한다. 이는 외생적 충격이나 내생적 변화, 혹은 소득 분배 정책에 따른 거시경제의 양태 및 소득 분배의 변화 양상에 대해 이해의 폭을 넓히고 과정이나 소요 시간 등 보다 다양한 측면에서 그 영향을 평가함과 아울러 정치한 비용-편익 분석을 가능케 할 것이다.

거시경제를 분석하는 상술한 서로 다른 두 가지 접근 방법을 통해, 궁극적으로 본 보고서는 거시경제의 최종적인 균제 상태에 초점을 맞춘 기존의 연구들과는 달리, 균제 상태에 접근하는 과정에서 발생하는 거시경제의 동학에 대한 이해를 제공하고자 한다. 최종적인 균제 상태가 동일하다 하더라도 균제 상태에 도달하기까지 소요되는 시간이 다르거나 균제 상태에 도달하는 과정에서 주요 변수의 변동이 크거나 작을 수 있다. 개별 경제주체들의 입장에서는 균제 상태에 이르기까지의 조정 과정이 짧을수록, 그리고 조정 과정에서 주요 거시경제 변수나 노동시장 변수들의 변동이 적거나 일관된 방향으로 이루어질수록 더 좋다. 거시경제에서 어떠한 제약 조건이 균제 상태로의 수렴 기간을 길게 하는지, 혹은 변수들의 변동폭을 넓히는지를 알 수 있다면, 추후 거시경제 정책이나 노동시장 관련 규제를 결정함에 있어 의사결정의 합리성과 정책 효과를 제고하는 결과를 얻을 수 있을 것이다.

제2절 연구의 구성

본 연구는 크게 네 개의 장으로 구성되어 있다. 제1장은 서론으로 연구의 목적 및 보고서의 구성을 소개할 것이다. 제2장에서는 다중주체 강화학습(MARL), 심층학습(DL) 그리고 심층 강화학습(DRL)을 활용해 거시경제 모형을 분석한 문헌을 검토하고, Krusell and Smith(1998)의 동태모형과 정태모형에서의 Mirrleesian 최적조세 모형 분석을 통해 해당 방법론의 함의점과 향후 발전 가능성을 논의하였다. 제3장은 여러 경제주체들이 노동과 자산(혹은 소득)을 거래하는 거시경제를 구축한 후, 다양한 조건과 상황에 따라 경제주체 간의 최종적인 자산이나 소득 분배가 어떻게 되는지 살펴보고자 한다. 이때 열역학에서 두 개 이상의 계(system) 간의 열평형 상태에 대한 모형과 이를 계산하기 위해 사용하는 스털링 근사(Stirling's approximation)를 활용하고자 한다. 마지막으로 제4장은 보고서의 결과를 요약하여 제시하고, 이로부터 노동시장정책을 중심으로 한 거시경제정책에 관한 시사점을 찾아보고자 한다.

제 2 장
거시 구조모형에의 다중주체 강화학습, 심층학습 그리고 심층 강화학습 적용 논의

제1절 서 론

본 장에서는 최근 부상하고 있는 인공지능(Artificial Intelligence : AI) 방법론이 경제학 분석에 활용된 사례를 검토하고, 방법론들의 향후 발전 가능성과 현재 단계에서 원활하게 융합 가능한 방법론과 그 사례를 논의 및 분석하였다.

경제학자는 경제 현상을 분석하기 위해 주로 실제 데이터를 활용해 상관관계 혹은 인과관계를 분석하는 실증분석, 그리고 시장환경을 수학적으로 구조화하여 그 환경에서 경제주체의 효용극대화와 이윤극대화를 이론적 · 수치적으로 분석하는 이론 분석 혹은 구조모형 분석을 각각 혹은 조합한 방법론을 활용하여 왔다.

2008년 글로벌 금융위기 이후, 동태적 확률 일반균형(Dynamic Stochastic General Equilibrium : DSGE) 모형이 갖는 한계점에 대해서 많이 논의되었지만, 당시 논의는 주로 DSGE 모형에서 금융시장이 중요하게 다뤄지지 않았다는 점에 초점을 맞추었었다. 이후 Romer(2016) 등을 포함하여 DSGE 분석 자체가 갖는 한계점이 논의가 되었지만 DSGE 모형을 실제로 대체할 수 있는 대안이 제시되진 못했다.

패러다임을 근본적으로 바꾸진 못했지만 DSGE 모형의 단점을 보완할 수 있는 대안들로 행위자기반모형(Agent Based Model : ABM) 등이 제시되었다. ABM은 DSGE 모형에서 각 경제주체가 합리적인 의사결정을 하는 대신, 휴리스틱(heuristics)하게 의사결정을 하고 대신 DSGE에서 추상적으로 단순화되었던 부분들을 세세히 고려하고자 하였다. 특히 Poledna et al.(2023)에서 보인 바와 같이 ABM은 DSGE 모형에서 지적되는 단점 중 하나인 전망(forecasting)을 보완할 수 있을 것으로 보인다.[1)]

근래 들어서 데이터 과학자와 경제학자가 협업하여 인공지능에서 최근 제시되고 있는 다중주체 강화학습(Multi-Agent Reinforcement Learning : MARL)을 활용하여 이질적인 경제주체가 경제에서 상호작용하는 환경을 조성해 거시경제를 분석하고 최적조세를 찾고자 한 시도들이 있었다. 강화학습이란 어떤 환경, 본 연구에서는 경제 환경에서 주체 혹은 에이전트(agent)가 보상(reward)을 극대화하는 행동(action) 및 정책함수(policy function)를 학습시키는 인공지능 방법론으로서, 유명한 예시로는 알파고를 학습시킬 때 활용된 알고리즘을 들 수 있다. MARL은 에이전트가 여러 명 있는 환경에서 다수의 다른 에이전트를 학습시키는 방법이다. 두 명의 에이전트인 경우, 죄수의 딜레마 환경에서 각 에이전트의 최적행동 선택을 학습시키는 것을 고려할 수 있다. 강화학습은 거시경제학 구조모형에서 벨만 방정식을 푸는 것과 근본적으로는 동일한 알고리즘이기에, MARL은 이질적 경제주체 구조모형과 유사하며 직관적으로 가장 직접적으로 연결된 알고리즘이라고 할 수 있다.

MARL을 이용하여 최적조세를 찾고자 한 Zheng et al.(2022)에서는 그들 스스로 AI Economist 모형이라고 명칭하여 기존 패러다임을 바꿀 수 있을지에 대한 가능성을 제시하였다. 이후 Curry et al.(2022)에서 유사한 방법론을 활용하여 실물경기변동(Real Business Cycles : RBC)을 재현하고자 하였고, 국제통화기구(IMF)에서도 Atashbar and Shi(2023)의 연구를 통해 심층

1) Poledna et al.(2023)을 비롯하여 Hommes et al.(2023) 등은 같이 주로 합리적 기대(rational expectation)에 기반한 의사결정을 휴리스틱 혹은 더 단순하게 수정하여 모형의 전망력을 높이고자 하였다. 다부문(multi-sector)을 더 유연하게 고려할 수 있다는 점과 전망력이 높을 수 있다는 점 때문에 국제통화기구(International Monetary Fund : IMF) 등에서도 관련 연구를 수행한 바 있다(Chan-Lau, 2017).

강화학습(Deep Reinforcement Learning : DRL)을 RBC 모형에 적용하고자 하였다. MARL을 활용한 최적조세 분석 역시 Zheng et al.(2022) 이후 Mi et al.(2024a)에서 Mean-Field Game 방법론 등을 통하여 최적조세 정책을 좀 더 정치(robust)하게 도출하고자 하였다.

본 장에서는 먼저 위 문헌을 검토하고, 그를 바탕으로 거시경제학자의 시선에서 향후 MARL 방법론이 거시경제 분석에 도움이 되기 위해서 어떤 보완이 필요할지 논의하였다. 결론적으로, 현재까지의 MARL을 활용한 분석 결과들은 경제학에서 참고할 수 있는 부분 – 심층 강화학습(DRL)을 통한 주체들별로 부분적으로 관측 가능한 상태변수 모형화 등 – 이 존재한다. 그러나 동시에 MARL이 초기이긴 하지만 현재 단계에서는 기존 이론을 더 나은 방법으로 대체하거나 혹은 부족한 점을 유의하게 보완한다기보다도 다른 방법론을 제시한 것에 더 가까울 수 있다는 점을 논의하였다.

추가적으로 본 장에서는 주로 주목받는 AI 방법론 중 MARL보다도 현재 단계에서는 심층학습 혹은 심층 강화학습이 거시경제학 구조모형과의 융합을 통한 개선 · 발전의 여지가 더 클 수 있음을 논의하고, 실제로 활용되고 있는 방법론을 소개하며, 간단한 사례를 제시하였다. 유사한 이미지를 찾거나 자연어/음성인식 등에서 활용되는 딥러닝은 최근 경제학에서도 많이 활용되고 있다. 딥러닝은 간단하게 말하자면 여러 층에서의 비선형 조합을 통해 복잡한 자료 속에서 핵심적인 내용을 찾는 학습 알고리즘이라고 할 수 있다. 거시경제학에서 딥러닝은 구조모형을 풀 때 차원이 너무 커져서 수치적인 해를 구하기 힘든 경우 등에서 해당 문제를 해소하기 위해 활용된다. 최근 이질적 경제주체 뉴케인지언(Heterogeneous-Agent New Keynesian : HANK) 모형을 풀기 위한 수치적 · 이론적 방법론이 많이 발전되었지만 여전히 이질적 경제주체 모형을 분석할 때 차원의 저주(Curse of Dimensionality)를 해결하는 것은 중요한 문제 중 하나이다. 특히, 이질적 경제주체 일반균형 모형을 분석할 때 총요소생산성 혹은 기준금리와 같이 경제 전반에 영향을 미치는 거시적 충격이 왔을 때 이론적으로는 개별 경제주체들이 각 상황별 분포의 변화를 알아야 – 즉, 상태변수(state variable)로 가져야 – 하는데, 이는 이론적으로 무한차원의 문제가 되기 때문에 전형적인 차원의 저주 문제에 해당한다. 이와 같은 문제를 수치적으로 풀기 위하여 Krusell and Smith

(1998)가 제시한 집계변수에 대한 로그 선형 근사(approximation) 혹은 Reiter(2009)에서의 섭동 방법(perterbation method)/프로젝션(projection) 등을 주로 활용하는데, 현재까지 분석된 문제에 대해선 해당 방법이 잘 작동하는 것이 증명되었지만 일반적으로 잘 작동한다는 이론적 증명은 아직 부재하다.

따라서 본 연구에서는 MARL 이외에 거시경제학 모형을 풀기 위한 추가적인 인공지능 방법론 중 하나로 활용되고 있는 심층학습이 실제 적용된 사례를 소개하여, 인공지능 방법론이 경제학에서 활용될 때 어떤 부분에서 도움이 되고 있는지를 소개하고자 하였다. 서술하였듯이, 이질적 경제주체 모형을 분석할 때 문제가 되어 왔던 부분은 경제주체가 최적 선택 문제를 풀 때 요구되는 상태공간 차원이 너무 크다는 것이었고, 이 차원의 저주를 심층학습을 통해 해결하고자 하는 시도들이 최근 있다. 차원의 저주를 고려해야 하는 대표적인 문제 중 하나인 Krusell and Smith(1998) 모형을 심층학습을 통해 분석함으로써 독자들에게 경제학과 인공지능 간 결합이 어떻게 이루어지고 있는지 소개하고자 하였다.

높은 계산 부담이 요구되는 경제학의 다른 문제로는 경제학에서 이론적으로 주로 다뤄지는 최적조세를 수치적으로 구하는 문제가 있다. 경제학 문헌에서 보편적으로 Mirrlees 최적조세라고 불리우는 최적조세는, Heathcote, Storesletten and Violante(2017)에서 제시한 조세함수와 같이 특정 모수를 찾는 것이 아닌 각 소득 수준별 혹은 정부에서 관측 가능한 상태변수별로 조세 수준이 다른 비모수적 형태를 갖는다. 이와 같은 경우, Heathcote and Tsujiyama(2021)에서 보인 바와 같이 수치적 계산 시 필연적으로 요구되는 상태공간을 이산화시킬 때(Discretize State Space) 많은 수의 그리드(grid)를 요구하며 이는 정태모형에서도 유의한 수준의 계산부담을 가질 수 있다. 그래서 본 연구에서는 Mirrlees 최적조세 문제를 수치적으로 해결하고자 할 때 어떤 어려움이 있는지 소개하고자 하였다.

본 장은 다음과 같이 구성되었다. 제2절에서는 MARL을 활용해 거시경제를 분석한 문헌을 소개하고, 함의점을 논의하였다. 제3절과 제4절에서는 심층학습을 활용하여 KS 경제모형과 많은 경제주체가 있는 최적조세 분석을 수행하였다.

제2절 MARL을 활용한 분석 문헌 : 함의점[2)]

본 절에서는 다중주체 강화학습(Multi-Agent Reinforcement Learning : MARL)을 활용해 거시경제 모형을 분석한 문헌을 자세하게 소개하고 그 함의점을 논의하였다.[3)] 먼저 관련 문헌에서 많이 다뤄지는 Zheng et al.(2022)의 AI Economist 모형을 논의한다. AI Economist 모형은 기업-소비자로 구성된 경제에서 서로 간 상호작용을 하는 환경과 정부가 사회후생을 극대화할 수 있도록 정책을 결정하는 2단계(Two Level) – AI 경제주체(agents)와 AI 정부 혹은 계획자(planner) 문제 – 로 구성되어 있다.[4)] 이를 구조화된 커리큘럼 학습(structured curriculum learning)이라는 방법론으로 정부와 기업-소비자 경제 2단계 환경의 심층 강화학습 문제를 풀었다.

방법론을 직관적으로 설명하자면 다음과 같다. 강화학습(RL)은 구조모형에서 흔히 활용하는 벨만 방정식(Bellman equation)을 푸는 것과 유사하다. 개별 주체는 주어진 상태변수(state variable)에 따라서 보상(reward)을 극대화하는 행동(action)을 결정하는 정책함수(policy function)를 결정한다. 따라서 MARL은 이질적 경제주체가 있는 경제환경을 시뮬레이션하고자 한다는 것을 알 수 있다. 이 과정에서 Zheng et al.(2022)과 Curry et al.(2022)은

2) 본 절에서 소개한 4개 문헌의 파이썬 code는 저자들이 github에 공유하여 접근 가능하다. 주소는 다음과 같다. Zheng et al.(2022)과 Curry et al.(2022), https://github.com/salesforce/ai-economist; Mi et al.(2024a), https://github.com/jidiai/TaxAI; Mi et al.(2024b), https://anonymous.4open.science/r/SMFG_macro_7740/README.md(최종 접속일자 : 2024. 10. 9.).

3) 본 연구에서 다중주체 강화학습(MARL)은, 인용한 문헌 대다수는 엄밀히 표현하면 다중주체 심층 강화학습(Multi-Agent Deep Reinforcement Learning)이라고 표현하는 것이 맞다. MARL을 학습시키는 과정에서, 특히 주체가 다수인 MARL에서도 경제학에서의 이질적 경제주체 모형과 같이 차원이 커지는 문제가 발생한다. MARL이 아니더라도 강화학습에서 복잡한 문제를 다루는 경우, 차원이 커지기 쉽기 때문에 이를 해결하기 위해 딥러닝 방법론을 적용시킨 심층 강화학습(Deep Reinforcement Learning : DRL)을 많이 사용한다. 본 연구에서는 문헌에서 MARL이라고 많이 표기되기 때문에 이를 따라 MADRL이라고 표기하지 않고 MARL이라고 표현하였다.

4) 각 주체의 강화학습은 근사화된 정책 최적화(Proximal Policy Optimization : PPO)로 이루어졌다.

시장청산(market clearing) 혹은 균형(equilibrium)의 수학적 개념을 모형에 적용하지 않고 예산제약만 존재하는 경제에서 강화학습이 찾는 해를 통해 경제동학을 이해하고자 하였다. 그리고 정부와 경제 간 상호작용을 분석하기 위해 구조화된 커리큘럼을 도입하여 분석하였다고 이해할 수 있다.

Zheng, Trott, Srinivasa, Parkes and Socher(2022)과 Curry et al.(2022)은 유사한 방법론을 1) 최적조세 도출과 2) 실물경기변동(RBC) 모형 결론 도출에 활용하였다.[5] 해당 문헌이 보여준 MARL이 가질 수 있는 기술적인 장점은 효용극대화를 하는 소비자 – 이윤극대화를 기업 – 사회후생을 극대화하고자 하는 기업 간 상호작용이 존재하는 모형에서, 일반적으로 수치계산이 불안정하여 수렴하지 않고 발산하기 쉬운 모형의 해를 도출할 수 있을 수 있다는 가능성을 제시한 것이다.[6] 경제학 구조모형에서는 재정 · 조세정책 혹은 통화정책은 1차 자기회귀 형태를 갖거나 테일러 준칙(Taylor rule)과 같이 비교적 휴리스틱하게 결정되도록 가정하는 경우가 많다. 이렇게 단순하게 추상화 가정을 갖는 이유 중 하나는, 특히 동태적 모형에서 많은 부문에서 극대화하는 주체들이 존재하는 모형의 해를 안정적으로 구하는 것이 어려운 것도 있기 때문이다. 특히 Zheng et al.(2022)에서 제시한 2단계 구조화된 커리큘럼 학습은 향후에 서술하였던 Mirrlees 최적조세 문제에 적용할 수 있는 가능성을 가질 수 있는 것으로 보인다. 또한 기술적으로 정부가 관측 가능한 소비자 혹은 기업의 상태변수를 유연하게 조정하고 있다는 점도 향후 거시경제학 모형에서 활용 가능한 측면이 될 수 있다. 또한 이와 같이 강화학습 기반으로 경제 시뮬레이션 혹은 최적 정책을 도출하는 경우, 행위자기반모형(Agent Based Model : ABM)에서 흔히 비판받는 루카스 비판(Lucas Critique)이 적용되지 않는다.[7]

그러나 동시에 추가적으로 검토해야 하는 점 역시 존재한다. 쉽게 수정이

---

5) Atashbar and Shi(2023).

6) 논문에서 밝혔듯이 구조화된 커리큘럼 학습 방법 역시 일반적으로는 해가 불안정할 수 있다. 다만 저자 개인적인 견해는 부분적으로 경감시켰다는 것으로도 기여가 될 수 있다고 본다.

7) ABM에서는 행위자 혹은 경제주체의 행위가 휴리스틱하게 결정되기 때문에 – 예시 : 소비= $\beta \times$ 가처분소득 $+\epsilon$, β : 임의의 모수 – 정책 혹은 환경변화에 상관없이 주어진 휴리스틱에 따라 행위가 정해진다고 가정하기 때문에 환경 변화에 따른 경제주체의 행위 변화를 반영할 수 없다.

이루어질 수 있는 사항과 근본적으로 검토가 필요한 사항이 둘 다 존재한다. 논의를 위해 이들 문헌에서 고려한 환경, 보상함수 등을 간단히 소개하면 다음과 같다.8) 경제에는 J명의 소비자 j와 I개의 기업 i, 그리고 정부가 존재한다. 정부는 소비자와 기업으로부터 근로소득세와 법인세 수준을 결정하고, 정부지출은 없는 상황에서 조세수입을 소비자에게 균등하게 나눠준다. 소비자 j는 기업 i들로부터 가격 p_i로 재화를 구입하고, 노동 $l_{i,j}$를 제공하여 임금 w_i를 얻는다. 기업은 대칭적인 환경을 갖게 되며, 소비자 j와 기업 i는 각각 효용극대화와 이윤극대화를 다음 보상함수를 최적화시킴으로써 수행한다.9)

$$\text{소비자}: \max_{(c,l)\sim\pi_j}\left[\sum_t \gamma^t \sum_i u(c_{i,j,t}, l_{i,j,t}; \theta_j)\right], u(c,l;\theta) = \frac{(c+1)^{(1-\eta)}-1}{1-\eta} - \frac{\theta}{2}l$$

subject to

$$B_{t+1,j} = B_{j,t} + (1-\tau_t)z_{j,t} + \frac{R_t}{|J|} - \sum_i p_{i,t} \cdot c_{i,j,t}$$

where

γ_j : 소비자 j의 시간할인율

θ_j : 소비자 j의 노동비효용 모수. 소비자의 타입을 대표하며, 사적정보 변수임

π_j : 소비자 j의 최적정책. $\pi_j = \arg max \sum_t \gamma^t \sum_i u(c_{i,j,t}, l_{i,j,t}; \theta_j)$

$B_{j,t}$: 소비자 j의 t기 예산

R_t : 총조세수입(기업으로부터의 법인세 등을 포함함)

---

8) Zheng et al.(2022)보다 Curry et al.(2022) 소비자와 기업과 관련된 환경(environment), 보상함수(reward function), 그리고 예산제약과 같은 제약조건(constraints)이 자세하게 설명이 되었기에 Curry et al.(2022)에서의 소비자 보상함수와 기업 보상함수 - 경제학에서는 가치함수(value function)로 많이 표현한다- 등의 환경을 소개한다. Zheng et al.(2022)과 Curry et al.(2022)의 AI Economist 모형에 관한 시각적 설명은 다음 Youtube 채널을 참조, https://www.youtube.com/watch?v=4iQUcGyQhdA(접속일자 : 2024. 10. 9).

9) 해당 내용은 Curry et al.(2022) pp.6~8에 해당하는 내용이다.

$z_{j,t} = \sum_i l_{i,j,t} w_{i,t}$: 총근로소득

τ_t : 근로소득세

기업의 보상함수는 다음과 같다.

$$\max_{\pi_i} E_{p,w,\Delta k \sim \pi_i}\left[\sum_t \gamma_f^t P(p_{j,t}, w_{j,t}, \Delta k_{j,t})\right]$$

subject to

$$P_{i,t} = p_{i,t}C_{i,t} - w_{i,t}L_{i,t} - \Delta k_{i,t},\ B_{t+1,i} = B_{t,i} + (1-\sigma)P_{i,t}$$

where

γ_f : 기업의 시간할인율

$P_{i,t}$: 기업 i의 이윤

$B_{i,t}$: 기업 i의 예산

$k_{i,t+1} = k_{i,t} + \Delta k_{i,t}$: 기업 i의 자본투자

$Y_{i,t} = A_i k_{i,t}^{1-\alpha} L_{i,t}^{\alpha}$: 기업 i의 신규생산, $L_{i,t} = \sum_j l_{j,t}$

기업 i의 재고 : $y_{i,t+1}$($t+1$기의 재고)$=$ $y_{i,t}$(t기의 재고)

$+$ $Y_{i,t}$(신규생산)$-$ $C_{i,t}$,

$C_{i,t} = \sum_j c_{i,j,t}$: 소비자들의 기업 i 재화 구매량

σ : 법인세

마지막으로 정부의 보상함수는 다음과 같다.

$$\max_{\pi_p} E_{(\tau,\sigma) \sim \pi_p}\left[\sum_t \gamma_p^t swf(\tau_t, \sigma_t)\right]$$

where

γ_p : 정부의 시간할인율

총조세수입 : $R_t = \sigma_t \sum_i P_{i,t} + \tau_t \sum_j z_{j,t}$

그리고 사회후생함수 swf는 1) 소비자 보상함수로 정의되는 경우와 2) 소비자 보상과 기업 보상의 합으로 정의되는 경우로 나뉜다. 마지막으로 경제주체들의 상태변수는 다음과 같다. 우선 모두가 관측 가능한 전반적 상태(global state)는 다음과 같다.

$$s_{global} = \left(t, \{y_{i,t}\}_i, \{p_{i,t}\}_i, \{w_{i,t}\}_i, \{o_{i,t}\}_i\right) where\, o_{i,t}: \text{재화 } i\text{가 } t-1 \text{기에 초과수요 되었는지 여부와 조세정보 } (\sigma_t, \tau_t)\text{를 포함함}$$

s_{global}은 소비자, 기업 그리고 정부 모두 공유하는 상태변수(public information)며, 소비자는 $(B_{j,t};\theta_j)$, 기업은 $(B_{i,t}, k_{i,t}, (0, \cdots, 1(h), \cdots, 0)\alpha)$를 사적정보(private information)로서의 상태변수를 갖는다.[10)]

해당 환경에서 쉽게 수정이 가능한 검토사항을 먼저 논의한다. Zheng et al.(2022)과 Curry et al.(2022)을 포함해 후술할 Mi et al.(2024a), Mi et al.(2024b)에서 서수적(ordinary) 개념과 기수적(cardinal) 개념이 혼합된 모습을 보인다. Curry et al.(2022)에서의 소비자 보상함수에서 여러 기업들로부터 구입한 재화를 집계하는 과정에서 재화 $c_{i,j}$(그리고 노동량 $l_{i,j}$)를 집계한 것이 아니라 $\sum_i u(c_{i,j}, l_{i,j};\theta_j)$와 같이 효용함수를 집계하였다. 효용함수가 모두 가중치가 없는 선형함수라면 집계가 가능할 수 있지만, 소비는 로그함수, 노동공급은 선형인 준선형함수이기 때문에 소비와 노동의 단위가 다른 부분, 그리고 소비 효용함수에서 $\log(c)$의 값은 순서만 중요할 뿐 값 자체는 화폐단위 등의 기수적 개념이 존재하지 않는다는 점에서 이와 같은 집계는, 특히 AI 기술이 목표로 하는 향후에 실제 데이터를 기반으로 모형을 학습시킬 경우, 개인 효용뿐만 아니라 도출되는 사회후생의 개념상 오류가

---

10) 본 장에서는 Curry et al.(2022)에서의 오타를 자체적으로 수정하였다. 예를 들자면, 원문에서는 총조세수입이 $R_t = \sigma \sum_j z_{j,t} + \tau \sum_i P_{i,t}$ 로 되어 있는데 이를 본문에서와 같이 수정하였다. 원문에서 기업의 사적 정보 중 하나가 Cobb-Douglas 함수에서 노동 비율을 나타내는 모수 α가 있는데, 저자 개인적으로는 경제학적·기술적 의의를 잘 찾지 못하였다. 본문에서 상술하듯이 이는 쉽게 수정 가능하지만 AI 방법론을 경제학에 적용할 경우, 참고할 수 있는 경제학적 부분일 수 있는 것으로 보인다.

유의할 수 있다.

관련하여, 인용한 MARL 문헌 모두 사회후생을 정의할 때 소비자 보상/효용과 기업 이윤 혹은 국내총생산(GDP)을 모두 고려하여 분배와 효율성 모두를 개선할 수 있는 방안을 찾고자 하였다. 이러한 시도 자체는 가능하지만 서술하였듯이 이 역시 서수적 개념(경제주체 효용, 주로 분배 개선과 관련된 경우)과 기수적 개념(산출량 등 효율성)이 혼합된다는 문제가 발생한다. 사회후생함수 자체가 자의적인 부분이 있기에 해당 부분에 대해서는 이론적으로 명확한 해법이 있진 않지만 적어도 저자가 이해하기로는 현재까지의 MARL 문헌에서는 이 부분에 대한 고려가 되진 않은 것으로 보인다.[11] 더불어서 데이터 과학 쪽에서 MARL을 활용해 경제학 문제를 분석한 경우, 시장청산에 대한 기술적 차원에서의 중요함을 놓치는 경우가 많았다. 사회후생함수에 국한해서 보는 경우, 이질적 경제주체 일반균형 환경에서 경제 전반적 자원제약(aggregate resource constraint)이 등식으로 성립되면서 시장청산이 이루어지는 경우, 사회후생함수는 소비자 후생만을 고려하면 된다. 기업의 초과이윤과 배당금으로, 정부의 초과지출/초과수입이 가계가 보유한 채권 혹은 이전지출로 이루어지도록 보통 가정하기 때문이다. Curry et al.(2022)의 경우, 시장청산을 모형에서 전제하지 않았기 때문에 오히려 소비자 후생과 기업 후생을 별도로 고려할 수 있다고 볼 수 있지만, 후술할 시장청산을 고려한 다른 MARL 문헌에서 사회후생함수를 정의 시 이 두 가지 모두를 고려한 경우는 독자가 해당 의미를 주의 깊게 볼 필요가 있다.[12]

서술한 사항은 중요하면서 동시에 쉽게 해결이 가능한 부분이다. 더 깊게 고민해 봐야 하는 사항은 Mi et al.(2024a)을 소개하면서 논의하겠다. 해당

11) 경제학에서 사회후생함수의 경우, 주로 공리주의(utilitarian) 사회후생 함수가 문헌에서 많이 쓰이지만 가장 열악한 환경에 있는 주체를 대상으로 하는 Rawlsian 사회후생함수 중 어떤 것을 고려하는 것이 맞는지는 증명이 어려우며 주로 선택의 문제로 여겨진다.

12) 시장청산 혹은 균형의 다른 기술적 의미 중 하나는 고정점(fixed point) 문제이다. 부분 균형과 같이 '특정 가격하에서' 자원배분을 살펴볼 때와는 달리, 일반균형 문제를 다루면서 시장청산을 고려하지 않으면 수학문제를 설정한 뒤 그 문제의 해(solution)을 찾지 않겠다는 말과 동치일 수 있다. 단, Curry et al.(2022)은 시장균형을 전제하지 않더라도 강화학습 방법론을 통해 RBC 모형이 예측하는 바를 도출할 수 있다는 것이 논문의 주요 내용이기에 해당 비판은 적용되지 않는다.

문헌에서는 앞선 두 연구를 방법론적으로 발전시켜서 TAX AI라는 모형 틀을 제공하였다. 우선 환경(environment) 측면에서는 기존 경제학 문헌에서 이질적 경제주체 벤치마크 모형에 해당하는 Bewely–Aiyagari 모형을 활용하였다.[13] 따라서 환경은 두 문헌과 유사하기에 별도로 소개하진 않는다. TAX AI 문헌에서는 앞선 두 연구에서 약 100명 정도 주체(agent)를 계산했던 것과 비교하여 최대 1만 명까지의 이질적 가계를 모형에서 다뤘음을 보였다. 알고리즘 측면에서는 서술한 Zheng et al.(2022)과 Curry et al.(2022)[14] - TAX AI에서는, 해당 방법론에서는 모형 학습 시 주체들 간 상호작용이 없기 때문에 독립적 학습 카테고리로 분류하였다 - 를 비롯하여 다음과 같은 학습 알고리즘을 활용하였다.

1) 중앙집중학습(Centralized Training) 및 분산실행(Decentralized Execution) : 학습 중에는 에이전트 간 정보를 공유하는 반면, 실행 시에는 독립적으로 행동함. 다중주체 확정적 정책 경사(Multi-Agent Deep Deterministic Policy Gradient : MADDPG)와 다중주체 근사 정책 최적화(Multi-Agent Proximal Policy Optimization : MAPPO) 활용
2) 이질적 주체 강화학습(Heterogeneous-Agent Reinforcement Learning : HARL) : 이질적 주체 근사 정책 최적화(Heterogeneous-Agent Proximal Policy Optimization : HAPPO), 이질적 주체 신뢰 구역 정책 최적화(Heterogeneous-Agent Trust Region Policy Optimization : HATRPO), 이질적 주체 어드밴티지 행위자-비판자(HA Advantage Actor-Critic : HAA2C) 등을 활용
3) 평균장 강화학습(Mean-Field Multi-Agent Reinforcement Learning : MF-MARL) : Bi-level Mean Field Actor-Critic(BMFAC) 알고리즘 사용. 정부가 먼저 행동을 취하고(leader) 가계가 그 뒤에 후속으로 행동을 취하는 구조(followers)에서 후속 행위자로 구분된 가계는 서로 같은 행위자–비판자(actor-critic) 네트워크를 공유함.

13) Bewley(1977)와 Aiyagari(1994) 논문에서 제시된 모형을 의미한다.
14) Schulman et al.(2017) 참조.

정부의 보상함수는 서술하였듯이, 앞선 두 연구와 유사하게 경제성장률, 지니계수로 측정한 불평등 정도, 가계효용의 합, 그리고 이들의 조합으로 구성되어 이 보상함수를 최적화하는 것으로 구성되었다. 사회후생을 계산하는 문제는 서술하였으니 깊게 논의하지 않는다.

최근 연구에 해당하는 TAX AI 연구는 방법론적으로 많은 발전을 보였다. 환경구성 측면에서 Bewely-Aiyagari 모형의 중요 부분을 그대로 활용하였고, 다만 이 환경을 풀 때 MARL을 활용하였기 때문에 앞선 두 연구에서 기술적으로 검토가 필요하였던 (그리고 쉽게 수정할 수 있었던) 사항은 대다수 해당 문헌에서 해결된 것으로 보인다.[15)]

진전과 발전이 계속 이루어져야 하는 사항은 다음과 같다. 첫째, 경제학자들로 하여금 MARL을 활용하게 하기에는 갖는 장점이 아직까지는 명확하지 않다. 민간경제 문제, 즉 이질적인 소비자 효용극대화 문제를 풀 때는 보통 고려되는 차원에서 AI에서 활용하는 최저하 방법론이 큰 장점을 발휘하긴 어려운 것으로 보인다. 이질성 측면 역시, TAX AI에서는 1만 명의 이질적 경제주체를 아주 많지는 않은 그리드(grid) 수로 시뮬레이션하였는데 기존 경제학 구조모형에서 1만 명 가계 시뮬레이션은 적은 것도 아니지만 매우 많은 것도 아니다. 하지만 동시에 Mirrlees 최적조세 문제와 같이 비모수적으로 찾아야 하는 경우 1만 명이면 분명히 적지 않을 수 있다. 그렇기에 MARL 자체보다 민간경제-정부 간 최적조세 혹은 최적정책 문제를 심층 강화학습으로 접근하는 것은 이론적으로 합당하고 얻을 수 있는 장점이 있을 수 있는 것으로 보인다. 단, TAX AI 연구에서는, 이해한 것이 맞다면, HSV 조세함수를 다루기에 최적화하는 모수가 유한하고 확정적이라는 점을 고려해야 할 수 있다. 이 부분은 서술한 사항들과는 달리 연구자들이 장기적으로 해결해야 할 사항일 수 있다.

정리하자면 다음과 같다. MARL은 데이터 과학 학계에서도 최근 지속적으로 발전하고 있으며, 최근 경제학에서 이질적 경제주체 및 불평등을 비롯한 분포적(distributional) 함의점을 강조하여 왔기에 특히 거시경제학에서

15) 단 본 저자가 논문과 함께 연구진이 공유한 작업물을 본 바로는, 횡단성 조건(transversality condition) 성립 여부를 점검해 봐야 할 수 있을 것으로 보인다. 본 연구에서 이를 깊게 다루진 않는다.

의 DSGE 모형의 단점을 보완하고자 하였다. 본 연구자가 현재까지 관련된 대표적인 연구를 살펴보았을 때, 심층 강화학습(DRL) 혹은 심층학습(DL)은 경제학자들이 그 필요성을 받아들이고 활용하고 있거나, 앞으로 발전 가능성이 있는 것으로 보인다. 단, MARL을 통해 이질적 경제주체 민간경제와 정부의 문제를 모두 풀겠다고 하는 시도보다도 아직까지는 민간경제의 개별 경제주체 문제는 기존 경제학에서의 내생적 그리드 방법(Endogenous Grid Method : EGM) 등의 최적화 문제로 풀고, 정부의 최적정책 문제를 비모수적으로 풀어야 하는 경우나 거시경제적 충격이 존재하여 분포의 이행을 구해야 하는 경우 심층학습 등이 도움이 될 수 있을 것으로 기대한다. 소비자 등 개별 경제주체 문제의 경우, 제약하에서 경제주체의 보상함수, 효용함수 등의 목적함수를 극대화하는 문제에서는, 보편적으로 문제가 잘 정의가 되었기 때문에, 기존 수치적 방법론이 아직까지는 더 효율적인 측면이 있기 때문이다. 다만 이는 현재 단계에서의 논의이며, 만약 향후에 데이터와 방법론 모두 발전하여 효용함수라는 모수적 가정 없이 접근하면서 실제로 마이크로데이터를 활용하는 경우 등, 문제가 더 복잡해지고 차원이 늘어나게 되는 경우에는 현재보다 더 유용해질 수 있음을 기대할 수 있다.

제3절 심층학습을 활용한 DSGE 모형 분석 : Krusell and Smith 경제

본 절에서는 심층학습(DL)이 보편적으로 많이 활용되는 DSGE 모형에서 어떻게 도움이 될 수 있는지 실제 모형 계산을 통해 보여주고자 한다. 많은 동태적 모형이 가능하겠지만, 심층학습이 갖는 장점이 직접적으로 부각될 수 있는 경우에 해당하는 Krusell and Smith(1998) 경제모형 – 이하 KS 경제 혹은 KS 모형 – 을 분석하고자 한다.

KS 모형에 대해 직관적으로 설명하자면 다음과 같다. 제2절에서 서술하였던 Bewely-Aiyagari 모형은 경제에 이질적 경제주체가 존재하고, 그들의 분포가 시간에 따라 변하지 않는 안정적 균형(stationary equilibrium)에서의 동학을 분석한 것이다. 안정적 균형을 갖기 위해서는 총요소생산성(Total Factor Productivity : TFP) 등 거시경제 전반에 미치는 충격(aggregate shock)이 없다는 가정이 필수적이다. 반대로 말하면, 거시경제적 충격이 존재하는 경제에서는 안정적 균형을 가질 수 없고, 이 모형을 풀기 위해서는 거시경제적 충격이 올 때마다 변하는 분포의 변화를 모두 계산해야 한다. 분포 자체는 이론적으로 무한차원이기 때문에 이를 근사화(approximation)시키는 방법이 필요하다. Krusell and Smith(1998)는 소비와 저축만 있는 기본 경제에서 TFP 충격이 존재하는 환경의 경우, TFP Z_t와 경제 전반적 자본 K_t의 로그선형 회귀식을 통해 해당 문제를 풀 수 있음을 보인 것이다.

KS 경제의 경우, 개별 경제주체의 저축 정책함수(saving policy function)가 선형적이라는 점에 기반하여 위와 같은 근사가 적합하다는 것을 잘 보였다. 이외에 Reiter(2009) 등이 집계 단위에서 선형 근사 등의 방법을 활용하였다.

심층학습이 거시구조 모형에 적용될 수 있는 사례를 찾을 때, 많은 모형들 중에서 KS 경제 모형이 예시로 들어지는 이유는 다음과 같다. KS 모형에서 활용한 로그선형 근사의 경우, 더 복잡한 모형에서도 잘 작동할 수 있다는, 즉 일반화가 가능하다는 수학적 증명이 부재하다. 만약 $\log K_{t+1} = f(\log K_t, Z_t, Z_t \log K_t)$, f: 임의의 선형함수라는 근사가 맞지 않는 경우, 혹은 맞다는 것을 확신할 수 없는 경우, 이론적으로는 (분포(density)를 직접적으로 활용하지 않는다는 전제하에) ① 가능한 모든 집계변수의 ② 가능한 모든 비모수적 조합을 고려해야 한다. 보편적으로 참의 데이터 생성 과정(Data Generating Process : DGP)을 모를 때, ①과 ②를 해결하는 과정에서 차원이 지나치게 커지는 것을 방지하면서 임의의 근사함수가 과연 전역적(globally)으로 잘 근사하는지를 식별해야 한다. 심층학습은 이 문제에서 다음 두 가지의 특성을 가짐이 보여졌다.16)

16) 해당 내용은 Maliar, Maliar, and Winant(2021), Fernández-Villaverde, Hurtado and Nuño(2023) 그리고 Jesús Fernández-Villaverde와 Galo Nuño의 2023년 Oxford 강의 자료를 참조하여 작성하였다.

(1) 전역적 근사(Universal Approximation) : 심층학습에서 활용하는 신경망(Neural Network : NN)은 층을 하나 이상 활용 시에 어떠한 Borel measurable 함수도 근사시킬 수 있다

(2) 차원의 저주(Curse of Dimensionality) : 심층학습에서의 신경망은 차원이 높아져도 근사 성능이 더 빨리 개선될 수 있다.[17)]

즉, 직관적으로 심층학습은 서술한 문제와 같이 분포를 변화시키는 충격이 매 기 존재하여 다음 기 가격 등 집계변수를 모형 내에서 개별 경제주체가 예측해야 하는데, 이는 사전적으로 적절한 근사함수를 알지 못할 때 매우 큰 도움이 될 수 있다.

이제 본격적으로 KS 모형을 심층학습을 통해 분석한다.[18)] 경제에는 대표적 기업과 확률적으로 변동하는 노동생산성 및 자산 수준을 보유한 이질적 가계가 존재한다. 편의를 위해 정부는 없다고 가정한다. 시간은 Fernández-Villaverde, Hurtado and Nuño(2023)와 같은 연속시간 모형(continuous time model)이기에 Hamiton－Jacobian－Bellman(HJB) 방정식을 통해 가계 문제를 풀게 된다. 또한 문제의 편의를 위해 노동공급이 비탄력적이어서 가계는 소비-저축 문제만 동태적으로 고려하고, 후술하는 경제 전반적 고용 수준 $L_t = 1$로 정규화한다. 또한 가계의 노동생산성은 Poisson 분포를 따르며, 이 역시 간단히 다루기 위해 생산성이 높을 때와 낮을 때, 두 경우만을 고려하였다.

기업의 문제는 다음과 같다.

$$\max_{\{K_t, L_t\}} \Pi_t = Y_t - w_t L_t - (r_t + \delta) K_t,$$

where

17) 관련하여, 은닉층 증가에 따른 근사성능은 기하급수적으로 증가하는 반면, 계산 부담은 선형적으로 증가한다는 특성 역시 갖는다. 신경망에 관한 설명은 곧 본문에서 후술할 것이다.

18) 본 절에서 수행한 분석은 Fernández-Villaverde, Hurtado and Nuño(2023)에서 제공한 코드와 설명 자료를 기반으로 수행하였다. 해당 코드는 다음 github 주소에 업로드되어 있다. https://github.com/jesusfv/financial-frictions(접속일 : 2024. 10. 9).

$$Y_t = \exp(Z_t) K_t^{\alpha} L_t^{1-\alpha}$$

$$TFP: Ornstein - Uhlenbeck \text{Process}, dZ_t = \theta(\bar{Z} - Z_t)dt + \sigma d W_t$$

$$W_t : Brownian\, motion$$

1계 조건을 통해 자본 임대 가격과 자본의 한계생산성이 같고, 임금과 노동의 한계생산성이 같을 때 이윤극대화가 이루어진다는 것을 알 수 있다.

$$r_t + \delta = \frac{\partial Y_t}{\partial K_t}|_{L_t = 1}, w_t = \frac{\partial Y_t}{\partial L_t}|_{L_t = 1}$$

시간선호가 ρ일 때, 주어진 가격 $\{w, r\}$에서 자산수준 a와 노동생산성 x_i를 가진 타입 가계 i의 HJB 방정식은 다음과 같다.

$$\rho V_i(a;K,Z) = \max_c \frac{c^{1-\gamma}}{1-\gamma} + \frac{\partial V_i}{\partial a} da + \lambda_i [V_j(a;K,Z) - V_i(a;K,Z)]$$
$$+ h(K,Z)\frac{\partial V_i}{\partial K} + \theta(\bar{Z} - Z)\frac{\partial V_i}{\partial Z} + \frac{\sigma^2}{2}\frac{\partial^2 V_i}{(\partial Z)^2}$$

where

$$Savings: da = [w_t x_{i,t} + r_t a_t - c_t]dt$$

$$Kolmogorov\, Forward\, Equation(KFE):$$

$$\frac{\partial f_i}{\partial t} = -\frac{\partial}{\partial a}[da \times f_i(t,a)] - \lambda_i f_i(t,a) + \lambda_j f_j(t,a), i \neq j$$

$$where \sum_{i=1}^{2} \int_0^{\infty} f_i(t,a)da = 1$$

$$Perceived\, Law\, of\, Motion: h(K_t, Z_t)dt = dK_t$$

$$where$$

$$h(K_t, Z_t)dt = E[dK_t | K_t, Z_t]$$

위 HJB 방정식에서 중요한 것은 우선 가계가 인식하는 거시경제 동학 $h(K_t, Z_t)$(Perceived Law of Motion : PLM)이다. Krusell and Smith(1998)에서는 다음과 같이 로그선형 함수를 갖는다고 가정한 것이다.

$$h(K_t, Z_t):\ d\log(K_t) = \left[\beta_0 + \beta_1 \log(K_t) + \beta_2 Z_t + \beta_3 Z_t \log(K_t)\right] dt$$

본 절에서는 $h(K,Z)$의 함수 형태를 특정하지 않고, 심층학습을 통해 수렴하는 $h(K,Z)$를 찾고자 한다. 먼저 초기값(initial guess)에 해당하는 주어진 $h(K,Z)$를 이용해 HJB 방정식과 Kolmogorv-Forward 방정식(이하 KFE)을 푼다.[19] 도출된 정책함수를 활용해 T기간에 해당하는 변수들을 시뮬레이션하여 입력층 벡터

$$X = \left\{x^{(1)}, x^{(2)}, \cdots, x^{(K)}\right\},\ x^{(K)} = \left\{x_1^{(K)}, x_2^{(K)}\right\} = \left\{K_{t_k}, Z_{t_k}\right\}$$
$$where\, t_k \in [0, T]$$

와 출력층 벡터

$$h = \left\{\hat{h}_1, \cdots, \hat{h}_K\right\},\ \hat{h}_k \equiv \left(K_{t_k + \Delta t} - K_{t_k}\right) / \Delta t$$

를 활용하여 $h \approx g^{NN}(X;\theta)$를 찾는다. 이전 기의 PLM과 신경망을 통해 업데이트된 PLM이 수렴하면 경제주체가 실제 경제동학(Actual Law of Motion)과 인식하는 경제동학(PLM)이 일치한 것으로 해석하여 문제를 푼 것으로 해석한다.

PLM을 찾기 위해 심층학습에서 활용한 최적화는 경사하강법(Gradient Descent : GD) 알고리즘이다.[20] 그 외에 최적화 방법으로 Adam(Adaptive

---

19) 연속시간 모형에서 HJB 방정식과 KFE를 푸는 방법은 Achdou et al.(2021), Benjamin Moll의 웹사이트 코드 및 강의노트(https://benjaminmoll.com/codes/, 접속일 : 2024. 10. 9) 혹은 Fernández-Villaverde, Hurtado and Nuño(2023) github에 있는 부록노트, https://github.com/jesusfv/financial-frictions/blob/master/KS_NN/a0_documentation.pdf(접속일 : 2024. 10. 9) 등을 참조.

Moment Estimation) 혹은 Nesterov 모멘텀 최적화 방법 등이 있을 수 있다. J개의 은닉층을 가지는 신경망을 학습시킨다.

$$h(x;\theta)=\sum_{j=1}^{J}\theta_j^{(2)}\phi\left(\sum_{i=1}^{2}\theta_{i,j}^{(1)}x_i+\theta_{0,j}^{(1)}\right)+\theta_0^{(2)}$$
$$where$$
$$\phi=\log\left(1+e^x\right):\ softplus\ 활성화함수\ (activation\ function)$$
$$\theta=\left(\theta_{1,0}^{(1)},\theta_{1,1}^{(1)},\cdots\ \theta_{1,J}^{(1)},\theta_{2,0}^{(1)},\theta_{2,1}^{(1)},\cdots,\theta_{2,J}^{(1)},\theta_0^{(2)},\cdots,\theta_J^{(2)}\right)$$

위 문제를 푸는 것은 결국 시뮬레이션을 통해 추출한 샘플데이터 X를 h에 가장 가깝게 근사하는 벡터 θ를 다음과 같은 l^2 norm 기준으로 찾는 것이다. 학습시키는 과정에서 경사하강법 최적화 방법을 쓰기 때문에 $\theta_{m+1}=\theta_m-\epsilon_m\nabla E(\theta_m)$으로 업데이트하면서 θ^*를 찾는다. 여기서 $E(\theta)=\sum_{k=1}^{K}|h(x^{(k)};\theta)-\hat{h}_k|^2$이며,

$$\nabla E(\theta)\equiv\left[\frac{\partial E}{\partial\theta_{1,0}^{(1)}},\frac{\partial E}{\partial\theta_{1,1}^{(1)}},\cdots,\frac{\partial E}{\partial\theta_J^{(2)}}\right]^T$$

는 에러의 그레디언트를 의미한다. ϵ_m은 학습률(learning rate)을 의미하며, 상수로서의 하이퍼파라메터가 아닌 line-search 알고리즘을 통해 조정된다. 에러의 그레디언트 $\nabla E(\theta)$는 역전충격파(backpropagation)를 통해 다음과 같이 구해진다.

$$\frac{\partial E_k}{\partial\theta_0^{(2)}}=h\left(x^{(k)};\theta\right)-\hat{h}_k,$$

---

20) Fernández-Villaverde, Hurtado and Nuño(2023)에서는 KS 모형에서 확률적 경사하강법(SGD) 대신 경사하강법을 활용한 이유로 시뮬레이션하는 과정에서 SGD가 수치적 정확성과 계산 속도를 낮춘다고 설명하였다.

$$\frac{\partial E_k}{\partial \theta_j^{(2)}} = \left(h\left(x^{(k)};\theta\right) - \hat{h}_k\right)\phi\left(\sum_{i=1}^{2}\theta_{i,j}^{(1)}x_i^{(k)} + \theta_{o,j}^{(1)}\right),$$

$$\frac{\partial E_k}{\partial \theta_j^{(2)}} = \theta_j^{(2)}\left(h\left(x^{(k)};\theta\right) - \hat{h}_k\right)\phi'\left(\sum_{i=1}^{2}\theta_{i,j}^{(1)}x_i^{(k)} + \theta_{o,j}^{(1)}\right)$$

$$\frac{\partial E_k}{\partial \theta_j^{(2)}} = x_i^{(k)}\theta_j^{(2)}\left(h\left(x^{(k)};\theta\right) - \hat{h}_k\right)\phi'\left(\sum_{i=1}^{2}\theta_{i,j}^{(1)}x_i^{(k)} + \theta_{o,j}^{(1)}\right)$$

마지막으로 모형의 캘리브레이션과 심층학습 신경망 학습 시 활용한 하이퍼파라메터는 다음과 같다.

〈표 2-1〉 KS 모형 캘리브레이션

	수 치	설 명
α	0.35	Cobb-Dougals 함수에서의 자본비율
δ	0.10	자본 감가상각
γ	2.00	위험회피도 모수
ρ	0.035	시간 할인율. 연 이자율 4.98%[21]
$\bar{Z}$	0.00	총요소생산성 평균
θ	0.50	Orstein-Ulenbeck Process AR(1) 모수
λ_1	0.50	x_1 푸아송 확률
λ_2	0.33	x_2 푸아송 확률
x_1	0.93	노동생산성
x_2	1.05	1+λ_2/λ_1*(1.0-x_1)
$\underline{a}$	0.00	차입제약
n_a	1001	개별자산 그리드 개수
n_Z	41	TFP 그리드 개수
n_K	4	K 그리드 개수
T	12,000	총 시뮬레이션 기간. 이 중 초기 1,200개 제외(burin) 후 사용 실험에서 20,000기간 시뮬레이션 후 2,000기간 제외

자료 : Fernández-Villaverde, Hurtado and Nuño(2023) MATLAB 코드 일부 변경; https://github.com/jesusfv/financial-frictions(접속일 : 2024. 10. 9).

21) 3.5% 등 더 낮은 이자율로 조정하면 HJB 방정식을 푸는 것이 어려워져서 5%로 조정하였다.

〈표 2-2〉 KS 모형 심층학습 하이퍼파라메터

경사하강법 최적화, sofmax 활성화 함수 활용		
J	1	단일 은닉층(Hidden Layer)
λ	0.1	정규화 모수
ϵ_m	0.01	초기 학습률

자료 : Fernández-Villaverde, Hurtado and Nuño(2023), https://github.com/jesusfv/financial-frictions(접속일 : 2024. 10. 9).

분석을 하는 주요 목적은 1) 심층학습을 활용하였을 때 정확도가 얼마나 개선되는지, 그리고 2) 속도가 얼마나 개선되는지이다. 결론부터 말하자면 심층학습은 서술한 두 가지 특성 중 하나인 전역적 근사(global approximation)를 보장하기 때문에 근사의 정확도는 KS 근사법(로그선형 회귀 근사)과 비교하면 상당히 개선되는 것으로 보인다. 하지만 속도는 동일한 연속시간 모형에서 보인 Ahn et al.(2018)에 지역적 근사법(local approximation)과 비교하면 절대적으로 빠르다고 보기는 어렵다. KS 모형에 한정해서 논의하면 Reiter(2009)의 방법은 빠르면서도 동시에 훌륭하게 근사를 하는 것으로 보인다. 그럼에도 불구하고 심층학습이 도움 될 수 있는 부분은 향후 더 복잡하고 차원이 높은 문제에서 그 장점이 더욱 부각되기 때문이다. 계산 결과를 보고하기에 앞서서 문제가 복잡해지는 경우, 지역적 근사 혹은 Chebyshev 다항식과 같은 투영법(projection)을 활용하기 어려운 경우를 Fernández-Villaverde et al.(Forthcoming)의 사례를 통해서 살펴보자. 앞서서 서술했듯이, KS 모형이나 최근 이질적 경제주체 뉴케인지언(Heterogeneous-Agent New Keynesian : HANK) 모형에서는 거시경제 변수 동학은 (로그)선형적으로 움직인다는 통찰 혹은 전제하에서 문제를 푼다. 하지만 명목금리가 0에서 더 이상 내려갈 수 없는 제로금리하한선(Zero Lower Bound : ZLB)과 같이 비선형적 동학을 갖는 경우, 적어도 기존의 모수적 근사함수(Parametric Approximation Function)는 잘 작동하기 어렵다. Fernández-Villaverde et al,(Forthcoming)에서 [그림 2-1]에서 보이는 바와 같이 선형근사로 모형을 풀었을 때 모형의 정확도를 나타내는 계량경제학에서의 R^2 값이 모든 기간에서 약 98.54%인 반면, 제로금리 기간에서는 74.81%로 낮아짐을 보였다.[22]

[그림 2-1] 제로금리가 존재할 때 로그선형근사 vs. 심층학습

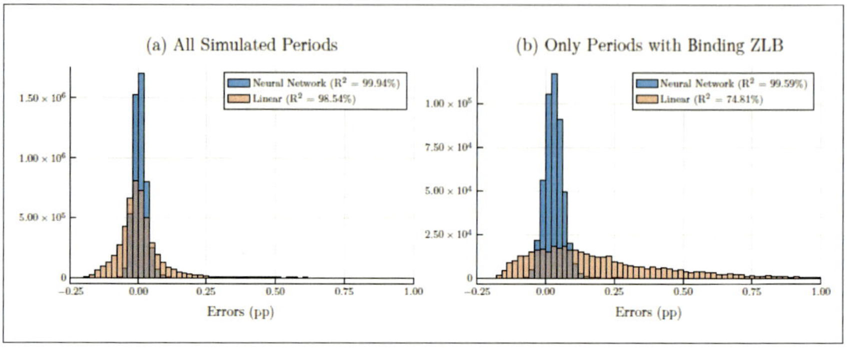

자료 : Fernández-Villaverde et al.(Forthcoming), Working Paper Figure 2.

KS 모형 계산시간, 평균 제곱근 오차(Root of Mean Square Error)는 〈표 2-3〉에, 그리고 신경망을 통해 도출한 경제주체가 인식하는 경제 전반적 자본동학(Perceived Law of Motion : PLM) $h(K,Z)$는 [그림 2-2]에 보고하였다.

〈표 2-3〉 KS 모형에서의 선형근사 vs. 심층학습

	시뮬레이션 기간 : 12,000기간(초기 1,200 기간 제외)	시뮬레이션 기간 : 22,000기간(초기 2,000 기간 제외)
계산시간	3922.34초(1.09시간)	5676.77초(1.58시간)
로그선형 근사 RMSE	3.87E-04	5.01E-04
심층학습 RMSE	1.18E-04	8.97E-05

주 : (계산환경) 소프트웨어는 MATLAB, 데스크톱 사양은 Intel(R) Core(TM) i7-14700 (28 CPUs), ~2.1GHz, RAM : 32G. 단 해당 계산에서 병렬계산(parallel computing)은 활용하지 않았음.
자료 : Fernández-Villaverde, Hurtado and Nuño(2023), Code 수정하여 계산.

22) 일반적으로 문헌에서는, 모형에서는 일종의 경험칙(rule of thumb)으로 R^2값이 99% 이상일 때 정확도를 인정한다. 단, 최근 연구인 Cho and Ma(2024)에서는 제로금리일 때도 잘 근사시킬 수 있는 모수적 함수를 도출하여 활용하였기에 모수적 함수 접근법 역시 발전하고 있음을 보여준다.

[그림 2-2] $h(K;Z)$, Perceived Law of Motion(PLM) 계산 결과

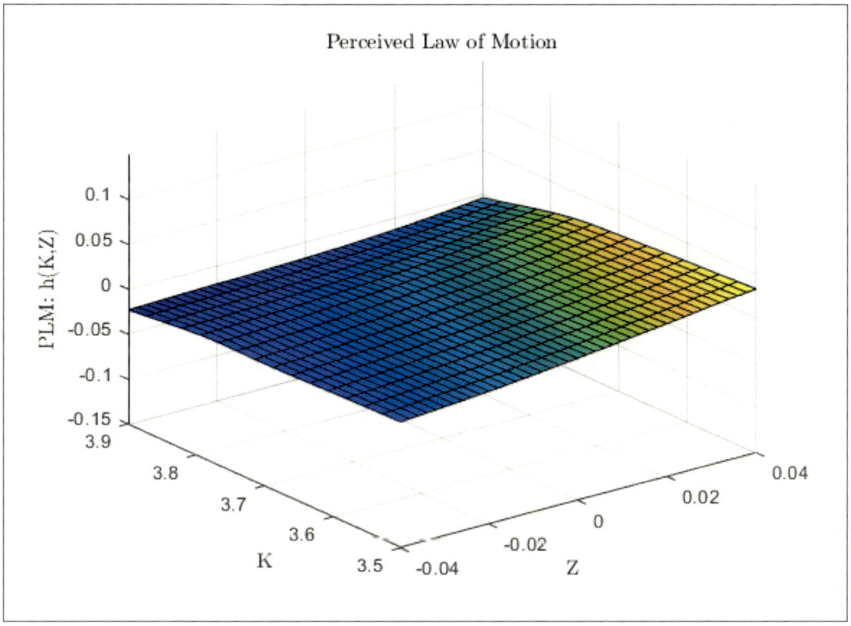

자료 : Fernández-Villaverde, Hurtado and Nuño(2023), Code 수정하여 계산.

〈표 2-3〉은 서술하였던 시사점을 잘 나타낸다. 첫째, 신경망을 활용한 심층학습을 통해 모형을 분석할 때 RMSE 등의 정확도는 로그선형 근사에 비하여 유의한 개선이 발생함을 보인다. 로그선형 역시 절대적인 RMSE가 E-04 단위로 아주 크진 않지만 RMSE가 시뮬레이션 기간에 따라 약 30%(1.18E-04/3.87E-04)에서 18%(5.01E-04/8.97E-05) 수준으로 감소함을 보인다. 둘째, 시뮬레이션 기간의 증가, 즉 심층학습에서 입력층의 증가는 심층학습의 근사도를 높이는 반면(RMSE : 1.18E-04 → 8.97E-05), 로그선형 근사에는 크게 영향을 미치지 않는다.[23] 셋째, 계산시간은 전반적으로 빠르다고 보기 어렵다. 예를 들어 Ahn et al.(2018)에서 제시한 연속시간 모형에서의 선형근사법은, 완전히 동일한 비교는 어렵지만 본 절에서 활용한 데스

23) 개별 가계의 상태변수인 자산, 혹은 경제 전반적 거시경제 변수인 전반적 자본 K 혹은 총요소생산성 Z 등 상태변수의 그리드 개수를 늘리는 것은 로그선형 근사뿐만 아니라 전반적 계산의 정확도를 높일 수 있다. 또한 은닉층의 신경망 개수는 현재 16개에서 늘리는 것이 정확도 측면에서의 개선은 유의하지 않은 것으로 보이며, 과도하게 늘리면 계산이 불가능해진다.

크톱보다 낮은 사양에서 약 1.5초에 KS 모형을 풀어내기 때문이다.[24] [그림 2-2]는 심층학습을 통해 설명하고자 하였던, 즉 근사하려고 하였던 (비모수적) PLM을 도출한 결과를 보여준다. 확인할 수 있듯이, KS 모형 환경에서는 대체적으로 선형적인 동학을 가짐을 보여준다. 단, 그럼에도 불구하고 심층학습을 통한 근사를 통해 더 정확한 해를 도출할 수 있음을 시사하기도 한다.

제4절 최적소득세 모형 분석[25]

본 절에서는 Mirrlees(1971) 연구 이후 Mirrleesian 최적조세라고 명칭된 최적 소득세를 정량적으로 구할 때 심층학습 또는 심층 강화학습이 가질 수 있는 함의점에 대해서 논의해 보았다.

많은 사례 중 Mirrlees(1971)의 연구를 사례로 든 이유는 최적 소득세를 구하는 문제 역시 정량적으로 도출하는 것은 향후에 비모수적이고 고차원적인 문제가 될 수 있기 때문이다. Heathcote and Tsujiyama(2021)에서 보인 바와 같이 최적소득세 도출 계산 시 고려해야 하는 타입의 그리드 수 – 엄밀하진 않지만 시뮬레이션에서 요구되는 경제주체의 수, 예를 들어 1만 명 이상 등 – 가 필요할 수 있다는 점에서 향후 본 절에서의 정태모형에서 발전한 동태모형 분석 시 심층학습 혹은 심층 강화학습이 정량적 분석에 도움을 줄 수 있을 것으로 판단하였기 때문이다.

본 절에서는 Heathcote and Tsujiyama(2021)의 모형을 기반으로 1) 그리드(grid) 수가 많아짐에 따라 발생하는 계산부담(computational cost)을 보고하고, 이를 바탕으로 향후 심층학습 혹은 심층 강화학습의 유용성에 대해

24) MATLAB code, https://sehyoun.com/EXAMPLE_PHACT_KS.html 참조(접속일 : 2024. 10. 11).

25) 본 절의 분석은 Heathcote and Tsujiyama(2021)에서 활용한 정태모형(static model)에 기반하였다. 분석에 참고된 MATLAB 코드를 공유한 Hitoshi Tsujiyama (University of Surry) 교수에게 진심으로 감사드린다.

서 논의한다.

먼저 모형 환경은 다음과 같다. 시간은 1기간으로, 정태적 모형(static model)을 고려한다. 각 가계는 노동생산성 혹은 시간당 임금으로 해석될 수 있는 타입 θ를 가지며, θ는 분포함수 $F(\theta)$를 갖는다. 이 경우, 가계 i는 다음과 같은 문제를 최적으로 풂으로써 본인의 효용을 극대화하고자 한다.

$$\max_{c,y} u(c,y;\theta) = \frac{c^{1-\sigma}}{1-\sigma} - \frac{(y/\theta)^{1+\psi}}{1+\psi}$$

subject to

$$c = y$$

만약 사회계획자(social planner)가 최적 자원분배를 달성하는 대신 정부가 조세 혹은 이전지출을 수행하는 경우를 고려하면 예산제약은 $c = y$ 대신 $c = y - T(y)$, $T(y)$라는 임의의 함수로 정의된다. 중요한 점은, 사회계획자 혹은 정부 모두 가계 고유의 사전적 이질적 타입 θ를 관측하지 못하며 사후적으로 효용극대화의 결과물에 해당하는 소비 수준 c 또는 y만을 관측할 수 있을 뿐이다.

경제 전반적 자원제약(aggregate resource constraint)은 다음과 같다.

$$\int c(\theta)dF(\theta) + G = \int y(\theta)dF(\theta)$$

이 경제에서 Mirrlees 사회계획자는 (공리주의적인) 사회후생을 극대화한다. θ를 관측하지 못하기 때문에 사회계획자 혹은 정부는 다음과 같이 가계의 효용을 실제 타입 θ와 가계가 사회계획자 혹은 정부에 보고하는 타입 $\tilde{\theta}$의 함수로 측정하게 된다.

$$U(\theta,\tilde{\theta})=\frac{c(\tilde{\theta})^{1-\sigma}}{1-\sigma}-\frac{(y(\tilde{\theta})/\theta)^{1+\psi}}{1+\psi}$$

위의 함수를 바탕으로 Mirrlees 사회계획자는 다음 문제를 최적으로 풂으로써 사회후생을 극대화하고자 한다.

$$\max_{\{c(\theta),y(\theta)\}_{\theta\in\Theta}}\int U(\theta,\theta)dF(\theta)$$

subject to

$$\text{전반적 자원제약}: \int c(\theta)dF(\theta)+G\leq\int y(\theta)dF(\theta)$$

$$\text{유인제약조건}(IC): U(\theta,\theta)\geq U(\theta,\tilde{\theta})\ \text{for}\ any\ \theta\ \text{and}\ \tilde{\theta}\in\Theta$$

이 문제는 Heathcote and Tsujiyama(2021)에서 유도했듯이 다음 문제로 치환된다. 가계 $\theta_i, i\in\{1,\cdots,N\}\ where\ \theta_j\geq\theta_k\ \text{for}\ any\ j>k$가 $\pi_i\ where\ \sum_{i=1}^{N}\pi_i=1$들에 대해서 사회계획자는 다음과 같은 문제를 풀게 된다.

$$\max_{\{c_i,y_i\}_{i=1}^{N}}\sum_{i=1}^{N}\pi_i\left[\frac{c_i^{1-\sigma}}{1-\sigma}-\frac{(y_i/\theta_i)^{1+\psi}}{1+\psi}\right]$$

subject to

$$IC1: \frac{c_i^{1-\sigma}}{1-\sigma}-\frac{(y_i/\theta_i)^{1+\psi}}{1+\psi}\geq\frac{c_{i-1}^{1-\sigma}}{1-\sigma}-\frac{(y_{i-1}/\theta_i)^{1+\psi}}{1+\psi}\ \text{for}\ i\geq 2$$

$$IC2: y_i\geq y_{i-1}\ \text{for}\ i\geq 2$$

$$ARC:\ \sum_{i=1}^{N}\pi_i y_i \geq \sum_{i=1}^{N}\pi_i c_i + G$$

위 문제에서 제약조건 중 IC는 유인양립조건(Incentive Compatibility Constraint)을 의미하고, IC1은 사회계획자가 배분하는 자원배분하에서 높은 노동생산성을 가진 가계의 효용이 낮은 노동생산성을 가진다고 보고한 경우의 효용보다 높아야 함을 의미하며, IC2는 유사하게 그 높은 노동생산성을 가진 가계가 더 많이 (근로함으로써) 높은 소득을 갖게 함을 의미한다. ARC는 전반적 자원제약(Aggregate Resource Constraint)을 의미하며, 전체 산출량이 가계 전체 소비와 정부지출보다 크거나 같아야 함을 의미하며, 효용함수가 단조성을 갖는 경우 해당 부등호는 등호로 성립하는 것이 최적으로 된다. 위 문제에서 사회후생을 극대화하는 $\{c_i^*, y_i^*\}_{i=1}^{N}$를 풀고 나면 재정학에서 관심 갖는 한계세율 $T'(y)$와 $T(y)/y$를 다음과 같이 도출할 수 있다.

$$T(y^*(\theta)) = y^*(\theta) - c^*(\theta),$$
$$ATR = T(y^*(\theta))/y^*(\theta) = 1 - c^*(\theta)/y^*(\theta)$$
$$MTR = T'(y^*(\theta)) = 1 - \left(\frac{c^{*\sigma}}{\theta}\right) \times \left(\frac{y^*}{\theta}\right)^{\psi}$$

위 문제를 앞선 문제와는 달리 MATLAB이 아닌 Julia 언어를 활용하여 수치적으로 분석하였다. 캘리브레이션은 $\sigma = 1$, 로그 소비 효용함수와 $\psi = 1$로서 노동공급 탄력성이 1인 경우를 가정하였다. 정부지출은 외생적으로 전체 산출량의 18.8%를 가지도록 가정하였으며, θ의 분포는 Heathcote and Tsujiyama(2021)의 분포를 그대로 활용하였다.

〈표 2-4〉 Mirrlees 최적조세 문제 계산

	N=30	N=100	N=500	N=3,000
계산시간(초)	0.5400	0.4785	78.5959	32812.2854
모형에서의 G/Y	0.1880	0.1880	0.1880	0.1880
유인양립조건1 성립 여부	성립	성립	성립	성립
유인양립조건2 성립 여부	성립	성립	성립	성립
자원제약 에러	1.11E-16	2.78E-17	2.50E-16	2.50E-16
극대화된 사회후생 : $swf=\sum_{i=1}^{N}\pi_i u(c_i^*,y_i^*)$	0.7723	0.8084	0.8213	0.8240
경제 전반적 소비 수준	0.6745	0.6481	0.6392	0.6373
경제 전반적 산출량(소득) 수준	0.8307	0.7982	0.7872	0.7849
경제 전반적 근로시간	0.7474	0.7406	0.7387	0.7383

주 : Julia 언어. 데스크톱 사양은 Intel(R) Core(TM) i7-14700 (28 CPUs), ~2.1GHz, RAM : 32G. 자원제약 에러는 $\left|\sum_{i=1}^{N}\pi_i y_i-\sum_{i=1}^{N}\pi_i c_i-G\right|$의 값을 의미함.

자료 : 저자 계산.

〈표 2-4〉에서 볼 수 있듯이 경제주체 타입의 수 혹은 그리드 수가 3,000개만 되어도 계산시간이 기하급수적으로 증가함을 보인다.26) Heathcote and Tsujiyama(2021)는 $N=10,000$까지 분석하였는데 도출한 계산 결과는 다음과 같다.

26) 최적화 알고리즘에 따라 계산속도를 높일 수 있지만 상당수의 경우 제약조건 - IC1, IC2 혹은 ARC - 이 성립되지 않음을 확인하였다. 그중에서 Julia에서 제공하는 IPOPT(Interior Point OPTimizer)가 제약조건을 잘 지키면서 최적화를 수행하는 성과를 보여서 이를 활용하여 분석하였다. 본문에 보고하진 않았지만 그리드가 5,000개를 초과하면 저자가 활용한 데스크톱 성능으로는 하루 이상 걸리는 모습을 보였다.

[그림 2-3] 그리드 수에 따른 Mirrleesian 최적조세

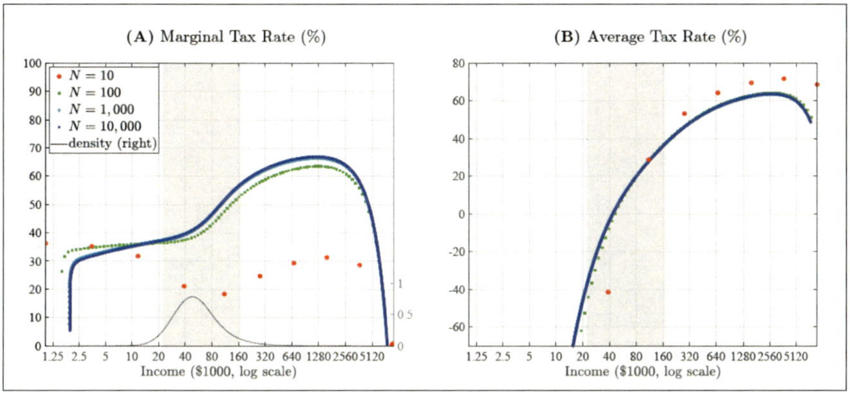

자료 : 저자 계산.

[그림 2-3]에서 확인할 수 있듯이, 그리드 수에 따라 사회후생을 극대화하는 최적 한계세율은 소득 수준별로 크게 다름을 나타낸다. 즉, 수학적으로 비교적 엄밀하게 정의된 경우에도 Mirrlees 문제와 같이 비선형 · 비모수적인 문제를 다뤄야 하는 경우, 엄밀한 결과를 도출하기 위해서는 수치적 해법이 중요함을 알 수 있다.

이와 같은 경우, 심층 강화학습(Deep Reinforcement Learning)이 도움이 될 수 있다. 앞선 절에서의 KS 문제가 비모수적 함수를 수렴하는 근사함수를 찾는 것이 목적이었다면 본 절에서는 사회후생을 극대화하는 사회계획자 문제를 풀어야 하기 때문에 심층학습보다 심층 강화학습이 더 적합할 수 있다. 즉, AI Economist 등에서 활용한 구조화된 커리큘럼(structured curriculum) 알고리즘 등이 도움이 될 수 있다. 강화학습에 심층학습이 필요한 이유는 조세함수 $T(y)$를 찾는 과정에서 비모수적으로 찾아야 하기 때문에 전역적 근사가 필요할 수 있기 때문이다. 특히, 본 절에서는 정태적 모형(static model)을 다룬 반면, 향후 동태적 모형(dynamic model)을 다루게 되는 경우 요구되는 차원은 훨씬 높아질 수 있기 때문에 심층 강화학습은 이와 같이 복잡한 문제에 도움을 줄 수 있다.

[그림 2-3]과 많은 Mirrlees 문헌에서 볼 수 있듯이, 행정 비용 등을 고려하지 않고, 실현이 가능하다면 개별 소득 수준별로 세세하게 세율을 조정하는 것이 사회후생을 높일 수 있다. 본 절에서 고려한 모형은 노동생산성만

이 이질적인 경우를 다루지만 현실에서는 자산보유 수준, 근로형태(그로 인한 소득변동성 등), 근로에 대한 선호 등 더 다양한 차원에서의 이질성이 존재할 수 있다. 이를 Mirrlees 방법론 등을 통해 최적소득세를 도출하는 경우, 다차원적인 비선형 소득세 함수를 비모수적으로 찾아야 할 수 있다. 현재로서는 해당 문제를 정량적으로 분석하는 것이 어렵지만 – 즉, 분석을 하더라도 과도하게 많은 시간 등 자원을 요구하지만 – 더 양질의 데이터 가용, 방법론의 발전 등이 이를 가능케 할 수 있다고 할 때, 정책연구자들이 (적어도 이론적으로) 제시하여 왔던 개별 맞춤형 정책 시행에 대한 논의를 할 수 있음을 시사한다.

제5절 소 결

본 장에서는 인공지능(AI)에서 쓰이는 MARL, 심층학습 등의 방법론이 경제주체의 행위를 묘사하고 경제를 시뮬레이션하는 데 적용된 연구들을 소개하며, 그 함의점을 논의하였다. MARL의 경우, 거시경제학에서의 이질적 경제주체를 다중주체를 (강화)학습시킨다는 개념에서 직접적으로 연관된 개념이며, 구조화된 커리큘럼 등 민간 경제와 사회계획자(정부) 2층 간 최적화를 향후 더 효율적으로 풀 수 있는 가능성을 제시하였다. 경제학자의 관점에서는 정부 등 정책 변화에 최적으로 반응하는 가계 및 기업의 행위를 고려할 때 모형에서 최적 정책을 도출하는 심층학습 혹은 심층 강화학습 등이 향후 고차원적인 문제를 정량적으로 분석하는 데 도움이 될 것으로 기대한다.

또한 Krusell and Smith(1998)에서처럼 분포가 안정적이지 않아 일반적으로는 비모수적으로 접근하는 것이 적합할 수 있는 경우, 심층학습을 통해 해당 문제에 접근할 수 있으며, 예시를 통해 정확도가 증진되는 것을 확인하였다. 다른 사례로, Mirrlees 최적조세 문제와 같이 소득세율이 계단함수 혹은 임의의 모수함수(parametric function)가 아닌 개별 소득에 따라 최적 조세가 결정되는 비모수적 접근이 필요한 경우, 간단한 정태모형 분석을 통해 향후 심층 강화학습 등이 어떻게 적용 가능한지를 살펴보았다.

본 장의 분석을 통해 다음과 같은 정책제언을 도출할 수 있다. 첫째, 데이터 과학자와 경제학을 비롯한 여러 분야 전문가들이 지속적으로 경고하였듯이, 인공지능 방법론은 유용하지만 당연히 상황에 맞게 적용해야 한다. 예를 들어, MARL과 같이 환경과 주체(agent)의 보상함수를 설정해야 하는 경우에는 AI 방법론뿐만 아니라 경제학적 개념이 중요할 수 있다. 가령 사회후생함수 정의 시, 서수적 개념과 기수적 개념이 혼합되는 경우, 최적 정책을 도출하는 경우, 효율성과 형평성 간 가중치 설정은 수치적으로 학습하는 개념보다는 이론적인 논의가 더 중요할 수 있다. 이러한 세부적인 설정 과정에서 도메인 지식이 필요한 부분은 협업과 지식 교류를 통해 쉽게 해결 가능할 것으로 보이며, 향후 교류를 통해 더 발전할 가능성이 높을 것으로 보인다. 그러나 논의한 바와 같이 다중 주체를 다루는 MARL의 경우, 이러한 다중 주체 구조는 매력적이지만 경제학에서 사용하는 이질적 경제주체 모형과 비교했을 때 완전히 새로운 함의를 제공하기 위해서는 추가적인 개선이 필요하다. 비록 실질 데이터를 활용할 수 있는 단계로 발전할 경우 MARL의 유용성이 매우 커질 수 있지만, 현재로서는 여전히 개선의 여지가 있다.

본 장 내용과는 별개지만, 심층학습은 각 분야 전문지식 혹은 도메인 지식이 많이 요구되지 않는다는 점을 가진다. 그렇기에 경제전망 등에서 활용하는 시도가 있으며, 동적요인모형(Dynamic Factor Model)을 활용하는 나우캐스팅(Nowcasting) 등에서는 활용을 하고 있다.[27] 하지만 전망(forecasting) 목적으로는 아직까지는 많은 (집계) 실물경제 변수가, 접근성이 많이 낮은 신용카드 데이터와 같은 일부 사례를 제외하면 잘해 봐야 월별 자료임을 감안했을 때 심층학습에서의 과적합 문제를 해결하기 어려운 한계가 존재하여 신중한 접근이 필요하다.

둘째, 인공지능과 경제학 모두, 더 고차원적이고 복잡한 문제를 기술적으로 다루게 될 수 있는 방법론이 제시하는 것은, 사회후생을 극대화하는 정책이 비단조적이고 개별 상태에 따라 다르게 적용되어야 할 수 있음을 시사한다. 제3절의 분석과 함께 전통적인 Mirrlees(1971)가 보인 결과를 보면, 만약

27) DFM에 심층학습을 활용하여 한국 데이터를 나우캐스팅한 Lim et al.(2024) 연구를 참조.

현재 제도와 같이 계단함수 형태를 갖는 구간별 소득세가 아닌 연속적인 소득 수준(continuous income level)에 과세가 가능하면 소득세는 비단조적이면서 비선형적일 수 있다. 현실에서 적용이 안 되는 이유는 사회적 합의가 필요한 것을 포함하여, 개별 상황에 대한 세부적인 파악 – 소득 수준은 국세청에서 파악이 가능하지만 그 외 국민/납세자 타입과 관련된 세부 정보 – 과 함께, 이 세부적인 정보를 활용하여 최적 조세 수준을 도출하기 위한 모형이 둘 다 필요하다. 나리타 유스케의 저서 『22세기 민주주의』에서 기술된 바와 같이 (양질의) 데이터와 이를 올바르게 활용할 수 있는 모형은 정치제도의 개선도 가능하지만 조세 · 재정 정책 개선에도 큰 도움이 될 수 있다. 그리고 이는 조세정책에조차도 현재보다 더 개인별로, 그리고 다차원적으로 적용되도록 할 수 있다.

셋째, 이론적으로 개인 맞춤형 정책을 도출하는 것이 가능하다고 하더라도, 이를 실현하기 위해서는 필연적으로 국민 개개인에게 어떤 것이 필요한지 파악하기 위한 데이터 플랫폼 구축이 필요하다. 디지털플랫폼정부위원회 출범 등 실시간 빅데이터 활용을 위한 노력이 이루어지고 있다. 한국의 경우, 국세통계, 건강보험DB, 고용보험DB 등 양질의 행정자료를 비롯해 각종 민간자료 역시 존재한다. 이걸 완벽하게 통합한 국가는 많지 않겠지만, 한국은 빅데이터 구축을 위해 필요한 비용과 어려움을 모두 감안하더라도 개선의 여지가 존재할 것이다. 만약 행정자료와 민간자료를 잘 결합시킬 수 있다면, 데이터의 양적인 측면과 함께 질적인 측면이 같이 개선될 것이고, 이는 강화학습과 심층학습의 성과를 더욱 증대시킬 것이다. 특히, 개별 경제주체의 경제활동이 일관되면서 명료하게 식별될 수 있는 마이크로 빅데이터를 구축할 수 있다면 이는 경제학뿐만 아니라 교통, 국방 등 실로 다방면에 적용이 가능할 것이다.[28] 추가적으로 거시 시계열 자료 분석에서 인공지능 방법론이 도입되기 어려운 점 중 하나가 빅데이터의 부재라는 점을 고려하면, 데이터 플랫폼의 구축은 인공지능 방법론과 경제학이 더욱 큰 시너지 효과를 내면서 결합이 가능하도록 할 것이다.

---

28) 빅데이터를 다룰 때, 단순히 자료의 표본 수, 주기만이 중요한 것이 아니라 데이터의 질도 중요하다. 인공지능 방법론 역시 GIGO(Garbage In, Garbage Out)에서 자유로울 수 없기 때문이다.

2024년 미국 프린스턴대학교의 John Joseph Hopfield 교수와 캐나다 토론토대학교의 Geoffrey Everest Hinton 교수가 노벨 물리학상을 수상하였다. John Joseph Hopfield 교수는 AI 학습의 기본이 되는 인공신경망 원리를 제공한 공로로, 그리고 Geoffrey Everest Hinton 교수는 심층신경망 개발을 통한 심층학습의 개념을 제시한 공로로 받았다.29) 그만큼 인공지능이 우리의 지식체계에 미친 영향이 크다고 본 것이다. 경제학에서도 계량경제학에서 (적어도 구조모형 분야에 비해서 상대적으로 더) 적극적으로 활용하고 있는 것으로 보인다. 융합을 통한 시너지 효과가 크기 위해서는 양질의 데이터 확보, 기술적인 발전 그리고 학자들의 열린 마음과 엄밀한 검정이 모두 필요할 것으로 보인다.

---

29) 김효인(2024), 「노벨물리학상에 'AI 대부'...존 홉필드 · 제프리 힌튼, 머신러닝 개발 공로」, 조선일보, 2024. 10. 8. 기사 참조.

제 3 장
캘리브레이션을 통한 소득 분배 분석

제1절 서 론

경제학자들은 경제 현상을 이해하기 위해서 때로는 경제를 단순한 모형 형태로 표현한다. 이렇게 구축한 경제 모형은 많은 요소가 생략되었기 때문에 현실과 다르지만 한편으로는 간략한 경제 모형이 오히려 불필요한 요소들을 없앰으로써 분석을 쉽고 빠르게 해주기도 한다. 본 장에서도 이처럼 경제를 단순화한 후 다양한 조건하에서 경제 내의 소득 분배 상황을 살펴보고자 한다.

이를 위해서 여기서는 경제를 물리학의 계(系, system)로 비유하고, 각 주체 간 노동과 자본의 교환을 열평형에 이르기 위한 분자들 간의 열교환과 비슷하게 비유하고자 한다. 우리가 차가운 물에 뜨거운 물을 섞으면 처음에는 뜨거운 물이 막 부어진 곳만 뜨거우며 차가운 물이 있던 부분은 여전히 차갑게 느껴진다. 그러나 시간이 흐르면 두 물이 섞여서 최종적으로 물 전체의 온도는 두 물의 평균에 도달하게 된다. 이 과정에서 섞인 물이 최종 온도에 도달한 것을 열평형(thermal equilibrium)이라 지칭한다. 열평형에 도달하는 과정에서, 많은 에너지를 가지고 있던 뜨거운 물의 분자들이 상대적으로 적은 에너지를 가지고 있는 냉수의 분자들과 열을 교환한다. 특히 많은 에너지를 가진 분자와 적은 에너지를 가진 분자가 서로 충돌하면 에너지를 많이 가진 분자, 즉 뜨거운 분자로부터 적은 에너지를 가진 분자, 다시 말해서 차가운 분자로 에너지가 이동한다. 이 과정을 거쳐서 모든 분자들이 동일한 수준의 에너지를 가지게 되면 이때 열평형에 도달하게 된다.

여기서 분자들이 열에너지를 주고 받는 과정은 일견 각 경제주체들이 노동과 자본을 교환하는 것과 유사하다. 모든 경제주체들이 동일한 효용 함수를 가지고 있다면, 상대적으로 많은 자본을 가진 경제주체는 재화나 용역을 구매하기 위해서 자신이 가진 자본을 지출하고, 자본이 적은 경제주체는 자신이 가진 노동력을 제공하여 이러한 재화를 생산하거나 혹은 용역을 제공하고 반대급부로 자본, 즉 소득을 얻으려 할 것이다. 즉, 자본이 많은 경제주체들로부터 자본이 적은 경제주체들로 자본이 이동하며, 그 반대급부로 재화나 용역 혹은 노동이 이동한다. 이는 에너지를 많이 가진 분자로부터 에너지를 적게 가진 분자로 열 에너지가 이동하는 것과 흡사하다. 따라서 열역학에서 계의 열평형에 도달하는 과정을 경제에서 각 개인이 자본과 노동을 교환하면서 자본이 경제주체들 간에 이동하는 과정으로 치환하여 이해할 수 있을 것이다. 열평형은 많은 에너지와 분자를 가진 아인슈타인 고체에서 수학적으로 쉽게 증명 가능한데, 본 장에서는 이러한 아인슈타인 고체에서의 열평형을 설명하는 수학적 모형에 기반하여 경제 내의 소득 분배 상태를 예측하는 수학적 모형을 구축하고, 이를 바탕으로 캘리브레이션을 통해 현실 경제의 다양한 요소를 하나씩 더해가며 최종적인 소득 분배 상태를 살펴보고자 한다.

앞서 설명한 열평형 문제로 치환하여 소득 분배 문제를 해석하면 경제주체들의 소득 분포를 추적할 수 있는 거시경제 모형을 비교적 쉽게 구축할 수 있다는 장점이 존재한다. 경제주체들의 효용 함수와 생산 함수를 설정하고 노동공급과 여가 간의 배분을 고려할 필요 없이 자산이 많은 경제주체들은 자신의 자산을 소비하여 다른 경제주체들이 제공하는 재화나 용역을 소비하고, 이 과정에서 자산이 적은 경제주체가 본인의 노동력을 이용하여 이렇게 지출된 자본을 받아 자산을 늘리는 경제를 구현할 수 있다. 다만, 여기서는 분석의 편의를 위하여 각 경제주체들이 재화와 서비스를 생산하고 제공받는 것이 아니라 노동과 자본만을 거래한다고 가정할 것이다. 일반적으로 재화와 용역의 생산은 자본과 노동의 결합에 의해서 이루어지는데, 이를 단순히 노동이라는 단일한 생산 요소만을 사용하고 노동의 대가는 자본으로 지불된다고 가정함으로써 복잡한 생산함수나 효용함수를 고려할 필요가 없게 된다. 따라서 노동의 흐름과 자본의 이동은 항상 반대로 진행된다. 이를 보다 경제학적인 표현으로 바꾼다면, 자본이 많은 경제주체가 자본을 지출하여 타인의 노동력을 구매한 후 본인의 자본 일부와 결합시켜 재화를 생산하고, 이 과정에서 노동력을 구매한 대가로 자본이 기업가로부터 노동자에게 지불된다.

이렇게 자본과 노동만이 존재하는 간략한 경제에서, 우리는 매칭 혹은 거래가 성사됨에 따라 각 경제주체들의 자본 수준, 나아가 경제 내의 자본 혹은 자산 분배 상태가 계속 바뀌어 가는 동학(dynamics)을 살펴볼 수 있다. 다음 절에서는 현재까지 경제학에서의 소득 분배와 관련된 다양한 모형들과 그 결과를 정리한 후, 제3절에서는 아인슈타인 고체에서의 열평형과 유사한 모습의 균형 소득 분포 상태를 도출하고 해당 모형에 어떻게 여러 현실 경제의 모습을 추가할 수 있는지를 제시할 것이다. 제4절에서는 이렇게 구축한 모형의 캘리브레이션 결과를 살펴보고, 마지막으로 제5절에서는 그 결과를 정리하고자 한다.

제2절 선행 연구

여러 경제주체들이 존재하는 경제에서 소득 분배는 어떠한 상태를 보일 것인가에 대해서는 많은 이론과 실증 연구들이 축적되어 있다. 실증 모형은 대체로 국가 간 연구와 한 국가 내의 소득 분배 상태에 대한 분석으로 나눌 수 있고, 이론 모형들은 주로 경제주체들 간의 소득 혹은 자산 분배에 관해서 분석하였다.

국가 간의 소득 분포에 대한 연구는 주로 Solow(1956)에서 제시한 수렴 가설(convergence hypothesis)이 실제로 관찰되는가에 초점을 맞추고 있다. 수렴 가설에 따르면 모든 국가가 동일한 기술 수준에 접근 가능하다면, 종국에는 모든 국가의 소득 수준이 모두 동일한 수준으로 수렴할 것이라는 주장이다. 분석 시기를 달리한 여러 실증 연구에서 수렴 가설은 상당한 설득력을 가지는 것으로 보인다.

국가별 자료를 이용해 간단한 실증 분석을 수행한 Clark(2013)에 따르면, 1970년대 이후 국가별 소득 수준은 수렴 가설을 지지하고 있으며, 특히 1990년대 이후의 세계화에 의해서 그 속도가 빨라지고 있다. 특히 국제 교역은 이러한 소득 수준의 수렴을 더 빠르게 하는 것이 여러 연구(Liu, 2009, Epstein et al., 2007)에서 확인되고 있다.

그렇다면 한 국가 내에서의 소득 분배는 시간이 흐르면서 어떻게 변화해 왔는지도 살펴볼 필요가 있다. Gallup(2012)은 소득불평등에 대한 국가 간 연구에서 흥미로운 사실을 발견하였는데, 1995년부터 2009년까지 국가 간의 소득불평등도는 지속적으로 낮아진 반면, 고소득 국가에서의 불평등도는 지속적으로 오르고 저소득 국가에서의 불평등도는 높은 수준이었다가 점차 불평등의 정도가 완화되는 것으로 나타났다. 즉, 국가 간의 불평등도는 시간이 흐름에 따라 교역 등의 요인으로 점차 해소되어 갔지만, 소득 수준이 높은 국가일수록 불평등도가 심각해진 것이다. 물론 여기에는 애초에 고소득 국가 다수가 저소득 국가와 비교하여 상대적으로 낮은 소득불평등도를 가지고 있었음을 감안할 필요는 있으나, 국가 내 불평등도와 국가 간 불평등도 간의 상반된 움직임은 흥미로운 결과이다. 유사한 결과를 얻은 Fischer and Serra(1996)는 이러한 결과를 초래하는 원인으로 무역을 꼽고 있다. 무역이 없는 폐쇄 경제에서는 국가 간의 수렴과 국가 내의 수렴 모두가 느리게 진행되지만, 무역이 있는 경우 저소득 국가는 성장 속도와 분배 불평등도의 개선이 빠르게 이루어지는 반면, 고소득 국가의 성장 속도는 무역으로 인해 조금 낮아지고 국가 내의 소득 수준 역시 수렴하는 속도가 더 느려졌다. 따라서 Gallup(2012)과 유사한 결과라 할 수 있다. 1965년부터 2005년까지의 국제 자료를 이용한 Clark(2013)에서도 국가 간의 소득 수준 수렴이 관찰되며, 그 원인으로 소득불평등도가 낮은 고소득 국가에서의 불평등도 증가와 소득불평등도가 높은 저소득 국가에서의 불평등도 감소가 복합적으로 작용하였음을 꼽았다. 다만 Chambers and Dhongde(2016)는 국가 간 소득 수렴은 1990년대까지 나타난 현상이며, 2010년에는 관찰되지 않는다는 연구 결과로 수렴 가설에 대한 의문을 제기하였다.

한 국가 내에서 소득 분배가 어떻게 이루어지는지를 연구한 논문들은 대체로 세 가지 방향으로 모아서 볼 수 있다. 바로 소득 분포가 얼마나 한쪽으로 치우쳐져 있는지가 기준인데, 다수의 연구가 한 경제 내의 소득은 고소득 쪽으로 긴 꼬리를 가진다는 것에 동의한다. 다만, 이 꼬리가 얼마나 두터운지를 놓고 실증 결과나 이론 모형에서 차이가 존재한다. 이론적으로 자산은 0보다 작을 수 없다. 0보다 작은 경우는 빚이 자산보다 큰 경우로 현실에서 불가능하지는 않지만, 완전 정보나 반복 게임 및 시장 청산을 가정하는 이론 모형에서는 사실상 등장하기 어렵다. 따라서 자산이나 소득이 0이라는 하한은 명확하게 존재하지만 개인에게 도달 가능한 소득이나 자산의 상한은 딱히 존재하지 않고 열려 있다.

Atkinson(2002), Moriguchi and Saez(2007), Piketty and Saez(2003) 등은 상대적으로 오른쪽 꼬리가 두텁다는 실증 결과에 기초하여 소득 분배 상태를 이해하고 있다. 이들 연구는 특히 영국, 프랑스, 미국, 캐나다, 일본 등의 국가에서 20세기에 나타난 소득 분배의 변화를 심도 있게 관찰한 연구들이 주를 이루고 있다. 꼬리가 두텁다는 것은 그만큼 중위값 근처에 사람들이 몰려 있다기보다는 소득의 분포가 경제주체들 사이에 꽤나 넓게 퍼져 있음을 의미한다. 즉, 경제주체들 간의 소득 격차가 비교적 많이 벌어져 있으며, 중위소득 인구와 비교하여 소득이 매우 크거나 적은 집단의 비율이 상대적으로 높음을 뜻한다.

Nirei and Souma(2007), Diaz Gimenez, Quadrini and Rios-Rull(1997), 그리고 Feenberg and Posterba(2000)는 소득 분위가 상위 10%에 이를 때까지는 소득이 증가할수록 경제주체들의 비율이 비교적 빠르게 떨어지지만, 소득 분위 10% 집단 내에서는 상대적으로 소득이 고르게 분포하여 불평등도가 더 심하게 나타난다고 보고 있다. 즉, 경제 내의 불평등은 상위 집단 내에서의 소득 불평등에서 기인하기보다는 상하위 집단 간의 소득 격차가 큰 원인이라는 것을 뜻한다.

마지막으로 소득보다 자산이 훨씬 더 불평등한 분포를 이루고 있음을 실증적으로 보여줌으로써 소득보다는 자산의 분포에 주목해야 하며, 불평등에 있어서 소득보다 자산이 더욱 큰 역할을 한다는 견해를 가진 연구들이 있다. 이러한 연구에 따르면 미국에서 소득 분포의 지니계수 값은 0.48에 불과한데 반해 자산 분포의 지니계수는 0.8로 1에 매우 가까워서 경제주체들 간의 소득 분포는 상대적으로 꼬리가 얇은 반면, 자산 분포에서의 두터운 꼬리가 크게 문제가 된다고 결론 내리는 연구들이 있다.

경제주체들 간의 소득 분포 문제를 다룬 연구에서 결정적인 차이 혹은 분석 결과에서의 상이(相異)함을 이끌어 낸 가장 중요한 요소는 경제주체들 간의 자산이나 소득의 분포가 어떠한 모양의 분포를 따른다고 가정하느냐에 있다. 특히 소득 분포가 정확히 대칭적인 정규분포를 따르지 않는다고 할 때 꼬리 부분이 얼마나 두텁다고 보느냐가 모형별 결과 차이를 이끌어 내는 요인이다.

완벽한 정규분포의 모양을 따르는 것은 아니지만 여전히 평균이나 중위값 근처에 많은 경제주체들이 몰려 있기 때문에 정규분포와 연관된 소득 분포를 머릿속에 떠올리는 것은 이상한 일이 아니다. McAlister(1879) 이래로 Dagum(1997)과 Dagum(2006)에 이르기까지 로그노멀 분포(the lognormal distribution)를 가정한 모형들이 있었으며, Champernowne(1952)과 Atkinson (1971)은 로그로지스틱 분포(the loglogistic distribution)를 가정하여 모형을 구축한 후 실증 분석을 실시하였다.

본 연구에서 구축할 모형과 비교적 유사한 이론 모형을 다룬 연구로는 Bliss(2005)가 있다. 여기서는 각 개인의 자산 수준에 매 기마다 일정한 임의 충격(random shock)이 발생할 수 있는 확률 역학적 모형을 구축하였다. 자산 분포에 대한 여러 실증 분석의 결과에 기초하여 그 성질들을 모두 충족하는 이론 모형을 세우고 해당 모형이 실제 자산 분포를 얼마나 잘 설명하는지를 검증한 Dagum(2006)은 Dagum type I 모형과 type II 모형, 그중에서도 특히 type II 모형의 현실 설명력을 집중적으로 검토하였다. 본 장에서는 Dagum(2006)처럼 현실의 소득이나 자산 분포를 파악한 후 실증 결과를 토대로 이론 모형을 세우기보다는 Bliss(2005)처럼 경제주체들 간의 일정한 교환 법칙을 가정하고 이를 토대로 모형을 캘리브레이션해 가며 현실 설명력이 높은 변수 조합을 찾아보고자 한다.

제3절 스털링 근사를 이용한 소득 분배 모형의 구축

1. 모형 설계

본 절에서는 제3장에서 사용할 모형이 어떠한 구조이며 어떻게 도출되었는지를 다룬 후, 기본 모형에서 추가할 다양한 확장적 요소를 살펴볼 것이다. 이를 위해서 우선은 기본 모형을 수학적으로 도출하는 과정을 제시하여 모형의 전체적인 구조를 보여줌과 아울러 독자들에게 본 장에서 시행할 캘리브레이션에 대한 직관을 제공하고자 한다.

우선 N명의 경제주체가 존재하는 폐쇄 경제(closed economy)를 상정하자. 이 경제에는 모두 k의 자본량이 존재하는데, 편의상 이를 화폐 단위로 측정한 부(富) 혹은 자산이라 가정하겠다.

우리는 자산의 분배에 있어 음의 자산은 허용하지 않지만 0은 허용한다. 경제주체가 어떠한 자산도 가지지 못한 경우에는 시장에서 노동력을 제공하는 대신 다른 경제주체의 자산을 획득할 수 있다. 그러나 편의상 자산이나 소득에 있어서 음의 값은 허용되지 않음을 전제한다. 음의 자산을 허용하기 위해서는 모형 내에 자본시장이 포함되어야 하고, 개인의 신용도와 시장 이자율이라는 두 요소에 대한 고려도 필요한데, 이는 본 장의 연구 주제와는 큰 관련이 없는 요소이기에 모형의 복잡성만 높이기 때문이다.

화폐의 단위는 실제 화폐 단위와 무관하게 모형 내에서 필요한 수준의 작은 단위로 분할하는 것이 가능하기 때문에 우리는 $k \gg N$이 성립한다는 가정을 도입할 수 있다. 예를 들어, 경제 내에 전체 자본의 양이 10만 원밖에 없는 반면 경제주체의 수는 20만 명이라고 한다면, 우리는 화폐 측정의 단위를 원 대신 1백 분의 1원이나 1만 분의 1원이라는 새로운 단위로 변환하여 언제나 경제주체의 수보다 자본이나 화폐의 양이 많게 할 수 있다. 이러한 가정이 필요한 이유는, 경제주체 간의 자본량에 있어서 충분한 수준의 편차를 확보함과 함께, 추후 노동력과 자산 간의 거래가 원활하게 이루어지도록 하기 위해서이다. 왜냐하면 본 모형에서 자산은 화폐의 단위로 측정되며, 거래는 화폐 단위를 쪼개가며 이루어지지 않는다고 가정하기 때문이다. 따라서 화폐의 단위가 충분히 작아야만 시장에서 거래되는 재화와 용역의 가치가 보다 정확히 측정될 뿐만 아니라 거래가 활발해지게 된다. 만일 화폐의 단위가 커서 노동력 한 단위를 구매하기 위해서 화폐 한 단위만 지불하고자 하여도 가지고 있는 거의 모든 자산을 지불해야 하는 상황이 자주, 그리고 많은 경제주체들에 발생한다면 큰 화폐 단위는 이러한 거래가 활발하게 이루어지는 것을 방해할 수 있다.

둘째로 한 경제 내에서 성립 가능한 개별 자산 혹은 부의 분포 상태는 모두가 독립적으로 동일한 확률로 나타날 수 있다. 다시 말해서 자산 분포가 이루어진 개별적 상태인 미시 상태(micro-state) 각각이 발생할 확률은 동일하다는 것이다. 이는 특정한 경제주체에 부가 편중되거나 혹은 낮게 분포해야만 하는 규정이 없음을 경제학적으로 설명한 것이라 할 수 있다. 다시 말해서, 특정 경제주체는 다른 경제주체와는 달리 무조건 일정 수준 이상의 자산 수준 이상을 유지해야만 하거나 혹은 일정 수준 이하의 자산만이 허용되어 일부 자산 분포 상태에는 도달 불가능하거나 더 높은 확률로 도달하게 되지 않는다는 것이다. 물론 이는 사전적인 분포를 고려치 않은 경우의 이야기이며, 사전적인 자산 분포가 주어진 경우에는 그에 기초하여 각 경제주체들이 노동과 자산을 거래하기 때문에 다음 기의 자산 분포는 전기와 밀접하게 연관될 수밖에 없다. 하지만 캘리브레이션 기간을 장기로 가져가면 개별 미시 상태는 모두가 동일한 확률로 도달 가능하다 할 수 있다.

이 두 가지 가정을 정리하면 다음과 같이 표현할 수 있다.

1) 가정 ① : 경제 내에서 화폐 혹은 거래의 단위로 표시한 자산의 크기는 경제주체의 수보다 크게 많으며, 수학적으로는 $k \gg N$으로 표현할 수 있다.
2) 가정 ② : 사전적 자산 분포를 고려하지 않았을 때, 경제 내에서 경제주체 간의 자산 분포에 관한 각 상태는 모두 동일한 확률로 발생할 수 있다.

이러한 두 가지 가정과 함께, N명이 k만큼의 자산을 나누어 가지는 상황의 개수는 모두 $\binom{k+N-1}{k}$개가 된다. 첫째로, 2명의 경제주체가 3개의 자산을 나누어 가지는 경우를 생각해 보자. 모든 자산이 한 명에게만 집중되는 (0, 3)과 (3, 0)의 상황이 두 개 존재하고, 두 명이 차등적으로 자산을 분배하는 경우가 (1, 2)와 (2, 1) 이렇게 존재한다. 따라서 발생 가능한 미시 상태는 네 개다. 이는 두 명의 경제주체와 자산 3의 합에서 1을 제외한 4, 그리고 자산의 크기인 3을 이용하여 $\binom{4}{3}$을 계산하여 얻은 수치와 동일하다.

유사하게 세 명의 경제주체가 6개의 자본을 나누어 가지는 경우를 살펴보자. 첫 번째 경제주체가 아무런 자산도 보유하지 않은 0의 자본을 가진 경우, 나머지 두 경제주체는 6개의 자산을 각각 0부터 6까지 총합이 6이 되게 나누어 가질 수 있다. 따라서 (0, 0, 6)부터 (0, 5, 1), (0, 6, 0)까지 모두 7개의 미시 상태가 가능하다. 첫 번째 경제주체가 하나의 자본을 가져간 경우에는 나머지 두 경제주체가 5개의 자본을 6가지의 방법으로 나누어 가질 수 있다. 유사하게 첫 번째 경제주체가 5개의 자본을 가진 경우, 나머지 두 사람은 각각 한 사람이 하나씩 가지는 두 가지 경우의 수가 존재하며, 마지막으로 첫 번째 경제주체가 모든 자본을 소유한 경우, 나머지 두 경제주체가 가질 수 있는 유일한 분배 상태는 모두가 아무런 자본도 가지지 않는 한 가지만 존재한다. 이러한 모든 미시 상태의 가짓수를 합하면 7+6+5+4+3+2+1 =28이다. 그리고 이것은 앞에서와 마찬가지로 $\binom{k+N-1}{k}=\binom{6+3-1}{6}$ $=\binom{8}{6}=28$이 된다. 그러므로 N명이 k개의 자본을 나누어 가지는 방법의 개수는 $\binom{k+N-1}{k}$로 표현할 수 있음을 알 수 있다.

이제 경제 내에 N명의 경제주체들이 노동력과 자본의 거래를 통해 k개의 자본을 나누어 가지는 경우의 수를 살펴보자. N과 k가 모두 큰 수인 경우, $(N+k-1)! \approx (N+k)!$라고 할 수 있다.

$$\Omega(N,k)=\binom{k+N-1}{k}=\frac{(k+N-1)!}{k!(N-1)!}\approx\frac{(k+N)!}{k!N!}$$

여기서 우리는 스털링 근사(Stirling's approximation)를 사용할 것이다. 스털링 근사는 계승(繼承; factorial)에 있어서, 큰 수 x에 대해서 $\ln(x!) = xlnx - x + O(\ln x)$ 혹은 $x! \approx x^x e^{-x}\sqrt{2\pi x}$라 쓸 수 있다는 것이다. 이를 적용하면,

$$
\begin{aligned}
\ln\Omega &= \ln\left(\frac{(k+N)!}{k!N!}\right) \\
&= \ln(k+N)! - \ln k! - \ln N! \\
&\approx (k+N)\ln(k+N) - (k+N) - (k\ln k - k) - (NlnN - N) \\
&= (k+N)\ln(k+N) - k\ln k - NlnN
\end{aligned}
$$

그런데 앞서 가정 1에서 $k \gg N$이라 하였으므로, 작은 수 x에 대해서는 $\ln(1+x) = x$로 쓸 수 있으므로, $\ln(k+N) = \ln\left[k\left(1+\frac{N}{k}\right)\right] = \ln k + \ln\left(1+\frac{N}{k}\right) \approx \ln k + \frac{N}{k}$으로 쓸 수 있다. 따라서 $\ln\Omega \approx N\ln\frac{k}{N} + N + \frac{N^2}{k} \approx N\ln\frac{k}{N} + N$이라 할 수 있다. 이제 $\ln\Omega$를 Ω로 변환하여 표현하면 $\Omega(N,k) \approx e^{Nln(k/N)}e^N = \left(\frac{ek}{N}\right)^N$과 같다. 이로써 주어진 경제주체와 자본의 양으로 도출 가능한 미시 상태의 수를 수학적으로 도출하였다.

이제 다른 두 개의 경제가 합쳐진 경우를 상정해 보자. 이를 지역이나 산업 단위로 분할된 경제를 원래의 하나의 경제 전체로 재구성하는 것으로 해석하여도 좋고, 원래 분절되어 있는 경제들이 모여서 하나의 거시경제를 구성한다고 해석하여도 무방하다.

서로가 개방되어 하나의 경제로 합쳐진 두 개의 경제 혹은 하나의 경제를 구성하던 지역경제 두 개의 합을 가정해 보자. 계산의 편의를 위하여 두 경제 A와 B는 자본량에는 차이가 존재하지만 경제주체의 수는 동일하다고 가정하자. 그렇다면 두 경제가 합쳐진 경제에서 자본 배분의 경우의 수는 $\Omega = \left(\frac{ek_A}{N}\right)^N\left(\frac{ek_B}{N}\right)^N = \left(\frac{e}{N}\right)^{2N}(k_Ak_B)^N$과 같이 표현할 수 있다.

여기서 $k^*/2=k_A=k_B$인 k^*를 정의하면, k_A와 k_B는 각각 $k_A=k^*/2+x$와 $k_B=k^*/2-x$로 표현할 수 있으며, 수학적으로 x는 양수와 음수 모두 가능하다. 이제 k^* 및 x로 표현된 k_A와 k_B를 위의 Ω 표현식에 대입하면 다음을 얻을 수 있다.

$$\Omega=\left(\frac{e}{N}\right)^{2N}\left[\left(\frac{k^*}{2}\right)^2-x^2\right]^N$$

여기서 둘째 항인 $\left[\left(\frac{k^*}{2}\right)^2-x^2\right]^N$은 로그 변환을 한 후에 다음과 같이 재정리할 수 있다.

$$\begin{aligned}\ln\left[\left(\frac{k^*}{2}\right)^2-x^2\right]^N \\ &=Nln\left[\left(\frac{k^*}{2}\right)^2-x^2\right]\\ &=Nln\left[\left(\frac{k^*}{2}\right)^2-x^2\right]\\ &=Nln\left[\left(\frac{k^*}{2}\right)^2\left(1-\left(\frac{2x}{k^*}\right)^2\right)\right]\\ &=N\left[\ln\left(\frac{k^*}{2}\right)^2+\ln\left(1-\left(\frac{2x}{k^*}\right)^2\right)\right]\\ &=N\left[\ln\left(\frac{k^*}{2}\right)^2-\left(\frac{2x}{k^*}\right)^2\right]\end{aligned}$$

따라서 $\left[\left(\frac{k^*}{2}\right)^2-x^2\right]^N=\exp\left[N\left[\ln\left(\frac{k^*}{2}\right)^2-\left(\frac{2x}{k^*}\right)^2\right]\right]$라고 쓸 수 있고, 이를 이용하여 Ω는 다음과 같이 다시 쓸 수 있다.

$$\Omega=\left(\frac{e}{N}\right)^{2N}e^{Nln(k^*/2)^2}e^{-N(2x/k^*)^2}=\Omega_{\max}e^{-N(2x/k^*)^2} \qquad (1)$$

위의 식은 $x=0$이고 $k^*=2k_A=2k_B$일 때 $\Omega_{\max}$를 가진다. 이 형태는

우리가 흔히 접하는 정규분포의 확률 밀도 함수와 동일한 형태이다. 이 결과는 다음의 두 가지를 함의한다.

첫째, 마찰이 존재하지 않는 폐쇄 경제에서 거시경제 전체의 자본 혹은 자산 분포는, 모든 경제주체의 효용 함수가 같다면, 장기적으로는 각 경제주체가 동일한 수준의 자산을 가지게 될 확률이 가장 높다. 이는 그러한 미시 상태가 발생할 확률이 가장 높기 때문이다. 다시 말해서 개별 미시 상태의 발생 확률을 그려보면 모두가 동일한 수준의 자산을 가지는 점에서 확률 밀도 함수가 가장 높은 값을 가진다는 것이다.

그러나 이것이 모든 경제주체가 개별 관측 시점마다 같은 수준의 자산을 가지고 있음을 의미하지는 않는다는 것이 모형의 두 번째 함의이다. 특정 개인은 여전히 평균보다 낮거나 높은 자본을 소유할 수 있으며, 다만 경제 내에서 자본과 노동 간의 교환(trade)이 진행됨에 따라 그 수준이 모두 동일한 방향으로 수렴해 갈 것을 의미한다. 즉, 경제 내의 자산 분포는 정규분포를 따르되, 시간이 흐르면서 x의 값이 0으로 수렴해갈 뿐, 각 미시 상태는 정규분포상의 어떠한 한 점에 위치해 있을 것이다.

이제 다시 거시경제 전체를 여러 소규모 경제의 합으로 정의했다는 사실을 상기해 보자. 장기 균형에서는 개별 소규모 경제들도 모두 동일한 수준의 자산을 가질 것이나, 어느 한 시점에서 관찰한 소규모 경제들의 자본 보유 현황은 최대치와 최소치 사이의 어느 값이며, 해당 소규모 경제가 가질 자산의 총량은 거시경제의 자산 분포를 따르게 된다.

식 (1)은 두 개의 경제가 동일한 자산 수준을 가지는 지점, 혹은 경제 전체의 평균 자산 수준을 공유하는 지점을 정점으로 하는 정규분포 곡선임을 증명하고 있다. 이때 정규분포 확률밀도함수는, 음의 자산이 허용되지 않는다는 가정하에, 0을 최소치로 가지고 평균의 2배를 최대치로 가지는 x축 상에서 분포한다. 그런데 경제 A가 평균의 2배에 이르는 자산을 가진다는 것은 경제 B가 자산 0을 가진다는 것과 동일하다. 그리고 정규분포의 대칭성에 따라서 경제 A가 자산 0을 가질 확률은 경제 A에 모든 자산이 몰려있을 확률과 동일하며, 자산 0과 최대치는 평균을 중심으로 정확히 같은 거리만큼 떨어져 있다.

따라서 개별 소규모 경제의 소득 분포에 대한 확률밀도함수에 대해서는 두 가지 대칭성이 존재한다. 첫째, 경제 A와 경제 B는 각 자산 수준에 대해서 서로 동일한 확률밀도함수를 가지는 대칭성을 지닌다. 또한 경제 A와 B는 일반적인 정규분포의 확률밀도함수처럼 평균을 기점으로 평균과의 거리에 따라 동일한 확률 분포를 가지는 대칭성을 띤다.

두 번째 대칭성은 첫 번째 대칭성으로부터 증명할 수 있다. 경제 A와 경제 B는 동일한 확률밀도함수를 가지는데, 경제 A가 평균치로부터 작은 자산을 가진다면 경제 B는 정확히 그 차이만큼 평균보다 큰 자산 수준을 가진다. 평균으로부터의 거리를 $x>0$라고 정의하면, 식 (1)에서 $k_A=k^*-x$이고 $k_B=k^*+x$가 되며, $P_A(k^*-x)=P_B(k^*+x)$인데, A와 B의 확률밀도함수는 동일하기 때문에, $P_A(k^*-x)=P_B(k^*+x)=P_A(k^*+x)$라고 할 수 있다. 따라서 A와 B의 자산 분포는 정규분포를 따르게 된다.

2. 모형의 평가와 확장 요소

본 장에서 각 모형을 평가하는 요소는 크게 두 가지이다. 하나는 최종적인 소득 분배 상태, 다시 말해서 경제학에서 이야기하는 균제 상태(steady state)에서의 소득 분배이다. 균제 소득 분배 상태는 해당 모형에 따른 경제주체들 간의 상호 작용의 결과 나타나는 소득 분배가 얼마나 균등한지, 불균등하거나 완전 균등하다면 어떠한 요인이 그러한 결과를 이끌었는지를 알 수 있게 해준다.

둘째 평가 요소는 균제 소득 분배 상태에 이르는 시간이다. 어떠한 정책이나 경제적 충격이 소득 분배에 영향을 미칠 때는 두 가지 요소가 중요하다. 하나는 해당 정책이 최종적으로 어떠한 소득 분배 상태를 이끌어 내는지이며, 다른 하나는 그 정책의 효과가 얼마나 빨리 나타나는지이다. 예를 들어, 두 정책이 최종적으로는 특정한 소득 분배 상태에 동일하게 도달한다 하여도 그 결과가 빠르게 나타나는 정책과 느리게 나타나는 정책이 있을 수 있다. 물론 정책 효과가 빠르게 나타난다는 것은 한편으로는 경제에 큰 충격을 주거나 경제주체들이 변화에 적응할 충분한 시간을 가지지 못한 채 균제 상태로 수렴할 수 있음을 의미하기도 한다. 그러나 균제 상태에 이르렀다면 모든 경제주체들이 경제의 외생적 충격이나 변화에 대해서 적응하여 새로운 균형을 찾았음을 의미한다. 또한 조정 과정에서 경제주체들은 지속되는 변화에 대해서 일종의 적응 비용(adjustment costs)을 계속해서 지불해야 하기 때문에 정책이나 외생적 변화 및 충격은 균제 상태에 빠르게 도달할수록 좋다고 할 수 있다. 따라서 어떠한 변화가 균제 상태에 도달하는 데 얼마 만큼의 시간이 소요되는지 역시 본 연구에서의 중요한 측정 요소라 하겠다.

한편 앞서 살펴본 기본 모형에서 소득 분배는 중간 기착지로서 정규분포에 수렴하였다가 중간값이 점차 높아지는 변화를 겪으며 최종적으로는 모든 경제주체가 중간값의 소득만을 가지는 균등분포(uniform distribution)에 수렴한다. 그러나 현실 경제는 다양한 요소와 제약으로 인해 경제주체들 간의 소득 분포가 정규분포 및 균등분포로 수렴하지 못한다. 따라서 본 장에서는 다양한 제약 요소들을 모형 내에서 고려하여 현실 경제와 유사한 소득분배를 얻음과 동시에, 외생적 충격이나 정책 변화가 균제 소득 분배 상태에 미치는 영향도 살펴보고자 한다.

우선 고려할 수 있는 요소는 정부부문이다. 많은 모형에서 경제 내에서 정부는 경제주체들에 세금을 걷어서 이를 이전 지출로 만들어 경제주체들에게 다시 뿌리는 역할을 수행한다. 즉, 일종의 소득 혹은 자산의 재분배 기능을 수행하는 주체인 것이다. 본 모형에서도 정부는 이와 유사한 역할을 수행한다.

본 보고서에서 고려하는 모형 내에서 소득 분배와 관련하여 정부는 두 가지 역할을 수행할 수 있다. 첫째는 정부가 매 기마다 모든 경제주체들에 혹은 일정 수준 이상의 소득을 가진 경제주체들에 세금을 걷는 것이다. 조세를 통해 정부는 세전 소득과 비교하여 세후 소득에서 경제주체들 간의 차이를 줄이고 소득 분배를 보다 균등하게 만들 수 있다. 둘째로 정부가 수행할 수 있는 것은 걷은 세금을 이용하여 모든 경제주체들 혹은 일정 수준 이하의 소득을 가진 주체들에 세금을 나누어 주는 것이다. 이는 일종의 이전 지출을 만들어 각 주체 간의 소득 수준을 보다 균등한 방향으로 만드는 것이다. 정부는 두 가지 중 첫째 요소인 조세 부과의 역할만 수행할 수도 있는데, 이 경우 정부가 걷어가는 세금은 일종의 정부부문에 의해 발생하는 경제 내 비효율의 정도 혹은 그러한 비효율에 따른 경제적 손실이라고 해석할 수 있다.

둘째 요소는 금융 소득이다. 현실에서는 자본이 노동의 반대 급부의 형태로 이동하는 근로소득 형태로만 축적되지 않고, 자본 자체가 투자를 통해 새로운 소득으로 연결되는 금융소득이 존재한다. 따라서 매 기가 끝날 때마다 모든 경제주체들, 혹은 일정 수준 이상의 자본량을 가진 주체들은 자신이 가진 자본량의 일정 비율을 금융소득으로 얻어, 전기(前期) 종료 시점에서 가지고 있던 자본량보다 더 많은 자본량을 가지고 익기(翌期)를 시작한다. 금융소득은 경제주체들이 오랜 시간 자본과 노동을 교환함에도 불구하고 현실에서 소득 분배 상태가 기본 모형에서 제시하는 균등한 소득 분배 상태로 수렴하지 않는 여러 요인 중 하나이다.

기본 모형에서는 특정 산업이나 개인에게 양이나 음의 생산성 충격이 없는 상황을 상정하였다. 그러나 현실 경제에서는 끊임없이 이루어지는 연구·개발로 인해서 산업별 생산성이 부단하게 변하고 있다. 생산성 충격의 원인은 산업이나 기업, 혹은 개인에게서 기인하는 연구·개발 활동 외에도 다양하며, 해외에서 신기술이나 혁신의 등장으로 인해 국내 산업의 생산성이 상대적으로 떨어지는 경우도 발생하고, 저가의 노동력을 바탕으로 타국이 더 높은 수준의 가격 경쟁력을 갖춤에 따라 세계시장에서 점유율이 낮아지기도 한다. 따라서 특정 집단에 대해서 일정 시기 동안 양 혹은 음의 생산성 충격을 가하여 이에 따른 소득 분배의 일시적 변화와 장기적인 영향을 살펴보는 것 역시 의미가 있을 것이다.

기본 모형에서는 아무리 자본량이 낮은 개인도 자본량이 큰 개인을 만나서 거래를 하며, 이때 두 경제주체는 서로가 가진 자본량의 차이를 공평하게 나누어 가진다고 상정하였다. 그러나 이러한 거래 방식은 두 가지 측면에서 현실과 부합하지 않는다. 첫째로 적은 자본을 가진 개인은 자신의 노동을 제공하여 많은 자본을 가진 개인으로부터 반대급부로 자본의 일부를 이전받는다. 그런데 시장에서는 개인의 인적자본에 따라서 노동의 가격이 정해지지 거래하는 두 개인의 자본량의 차이에 따라서 노동의 가격이 매겨지지 않는다. 물론, 자본량이 더 많은 개인은 단위 노동에 대한 지불 의사(willingness to pay)가 자본량이 적은 개인보다는 클 것이나 경제에서 노동의 가격은 이러한 지불 의사가 모여 노동시장의 수요와 공급을 고려해 결정된다. 현실과 부합하지 않는 둘째 이유는, 아주 많은 자본을 가진 개인이 아주 적은 자본을 가진 개인과 직접 거래하는 경우가 흔치 않다.

경제는 더 많은 거래가 이루어질수록 효율이 높아진다. 즉, 일정 시간 내에 이루어질 수 있는 거래의 수가 많아질수록 각 개인은 자본과 노동을 더 자주 거래하여 비교 우위에 따라 서로가 우위를 가진 자원을 상대방에게 제공함으로써, 경제 전체의 효율성도 올라가게 된다. 본 모형에서는 두 개인이 만난다 하더라도 자본의 격차가 매우 큰 경우에는 거래에 제약을 가하는 부분이 들어가 있으므로 모든 경제주체가 매 기마다 주어진 최대치의 횟수만큼 거래를 수행하지는 않지만, 이로 인해서 각 기의 평균 거래 횟수가 증가한다면 개개인의 자산 수준이 올라가고 경제의 자산 수준도 더 빠르게 증가할 수 있을 것이다. 반면, 매 기마다 이루어질 수 있는 거래의 횟수가 감소한다면 부의 재분배나 자본-노동 간의 거래를 통한 자본의 이동이 느려질 것이며, 따라서 로렌츠 곡선의 수렴이 느려지고 경제의 자산도 감소할 것이다. 거래 가능 횟수는 한편으로는 거래를 위한 마찰이 얼마나 작은가로 해석할 수도 있다. 거래를 하기 위한 마찰이 적으면 당연히 거래의 횟수도 늘어날 것이며 거래에 따른 효율도 높아질 것이다. 따라서 정부는 시장 내에서 존재하는 마찰의 수준을 낮춤으로써 거래를 활성화하고 경제 전체의 활력을 높일 수 있을 것이다.

따라서 본 연구에서는 기본 모형을 두 가지 측면에서 개선하고자 한다. 첫째는 거래가 성립하는 조건을 설정하는 것이다. 두 경제주체가 만났을 때 거래가 성사되려면 두 주체 간의 자본량 차이가 두 주체가 각각 가진 자본량 대비 일정한 비율 이내여야 한다. 이를 통해 거래가 일종의 계층 내에서만 이루어지는 현실적인 요소를 더해 볼 수 있다. 이러한 제약 조건은 기본 모형에서는 경제주체들의 소득 분배가 빠르게 정규분포에 도달한 후 다시 빠른 속도로 균등분포로 수렴하게 만드는 것을 억제한다. 둘째 개선점은 자본량에 차이가 나는 두 개인이 만났을 때 차이가 나는 자본을 나누어 가지는 비율을 조정하는 것이다. 여기에 대해서는 몇 가지 방법을 고려할 수 있는데, 본 연구에서는 자본량 차이의 일정 비율을 두 주체가 나누어 가지는 것으로 해결하고자 한다. 이 경우, 자본량에서의 차액을 두 주체가 공평하게 나누어 가짐으로써 거래 이후 두 주체의 자본량이 균등해지는 일이 발생하는 것을 막고 거래 이후에도 두 주체 간의 자본량에 일정 정도의 차이가 유지되게 만들 수 있다.

마지막으로 고려해 볼 수 있는 것은 이러한 제약 조건하에서 초기에 경제주체들 사이에 부(富)의 분배가 어떻게 이루어져 있는지, 다시 말해서 자본의 초기 분배 상태를 달리하는 것이다. 경제주체들 간의 소득 분배가 양 극단으로 몰려있는 경우부터, 초기에 이미 정규분포를 따르는 자본 분배를 가지고 시작한 경제까지 다양한 초기의 자본 분배 상태를 설정함에 따라 이것이 최종적인 균제 분배 상태에도 영향을 미치는지, 균제 상태에 이르는 시간은 어떻게 다른지 등을 살펴볼 수 있을 것이다.

제4절 캘리브레이션 결과

1. 모형에서의 변수 설정

가. 모형 내 변수 설명

여기서는 앞으로 캘리브레이션 결과에서 살펴볼 여러 설정치와 결과치들에 대해서 소개하고 각각이 가지는 의미를 기술하고자 한다. 이를 위해서 설정 변수는 거래에서의 마찰, 거래를 통한 이익, 자본 소득, 조세 및 재분배, 생산성 충격으로 나누어 살펴보고, 결과 변수에 대해서는 지니계수, 수렴기간, 소득지표 세 가지로 분류하여 알아볼 것이다.

1) 거래에서의 마찰

이상적인 경제에서는 시장에 마찰적 요소가 존재하지 않는다. 모든 개인이 자유롭게 만나서 아무런 정보 불균등이 없는 완전 정보하에서 서로 만나서 거래에 수반되는 비용 없이 서로 수요와 공급 곡선을 따라 거래를 진행하여 각각 소비자 후생과 생산자 후생을 얻어가고, 두 가지의 합이 시장의 총후생이 된다. 그러나 현실에서는 다양한 마찰적 요소가 존재한다.

가장 큰 마찰적 요소는 공간적 제약이다. 우리는 수요와 공급이 서로 존재함을 인식한다 하여도 거리가 아주 먼 경우에는 두 경제주체가 서로 만나지 못하거나 혹은 만난다 하더라도 서로 혹은 일방이 큰 이동 비용을 지불해야만 한다. 전자상거래가 활성화되고 이동통신과 운송 및 배송 수단이 발달함에 따라 이러한 공간적 제약에 따른 비용의 크기는 크게 줄어들었으나 여전히 존재함은 사실이다. 이러한 공간적 요소에 의한 마찰은 특히나 용역 시장에서 더욱 크게 발생하는데, 예를 들어 미국에서 한국의 특정 미용사에게서 미용 서비스를 받고 싶다 하여도 미국에서 한국으로 소비자가 직접 이동하거나 미용사를 미국으로 부르는 데 따른 운송 비용이 과도하게 크기 때문에 거래가 발생하지 않는다.

현실에서 정보가 모든 경제주체들에 완전하게 그리고 평등하게 제공되지 않는다는 것도 마찰의 요소이다. 이에 따라 잠재적 구매자는 부단히 지금 들어가 있는 시장이 레몬 시장은 아닌지, 지금 선택하려는 재화나 용역이 레몬은 아닌지를 크건 작건 일정한 비용 혹은 시간과 노력을 투여하여 검증하려고 한다. 판매자 역시 상대방의 지불 의사를 정확하게 알지 못하는 데다가 판매하려는 상품의 질과 가격이 전체 시장에서 어느 정도인지에 대해서 정확하게 인지하지 못하고 있기 때문에 생산량 결정과 가격 설정에 있어서 불완전한 합리성에 근거할 수밖에 없다.

본 장에서 사용한 모형은 이런 거래에서 존재하는 마찰을 두 가지 요건으로 통제하고자 한다. 첫째는 거래가 성립하기 위한 소득 격차 조건이며 둘째는 매 기에 발생 가능한 거래의 횟수이다.

첫째 조건은 두 경제주체가 서로 만났을 때 두 주체 간에는 자산 수준에서 격차가 존재하는데, 이 격차가 각 경제주체들의 총자산 혹은 소득에서 일정한 비율 내로 들어와야만 거래가 성립된다는 조건이다. 예를 들어 자산을 30 가진 개인과 40 가진 개인이 만났을 때, 자산 격차 소득의 30% 이내여야 한다면, 자산 격차인 10은 자산 40을 가진 개인의 30%인 12보다는 작으므로 자산 40을 가진 개인은 거래를 하려 하지만 자산 30을 가진 개인은 자산의 30%인 9보다 큰 자산 격차에 직면하므로 거래에 응할 수 없다. 따라서 거래를 위해 용인되는 자산 격차의 수준이 크면 클수록 해당 경제는 마찰이 적은 것이며, 자산 격차의 용인 수준이 작아지면 작아질수록 자산 기준으로 보다 균일한(homogeneous) 개인 간에만 거래가 이루어짐을 뜻한다.

매 기에 가능한 거래 횟수는 보다 직접적으로 마찰적 요소를 표현하고 있다. 매 기에 가능한 거래의 수가 많아질수록 각 경제주체들이 서로 더 자주 만나서 더 많은 거래를 성사시킬 수 있다. 따라서 각 기에 허용되는 최대 거래 횟수가 늘어나면 늘어날수록 해당 경제는 마찰적 요소가 적으며 최대 거래 횟수가 줄어들면 마찰적 요소가 늘어난 것과 동일하다.

2) 거래를 통한 이익

경제학에서 모든 거래는 거래에 참여하는 모든 주체에게 이익을 가져준다. 이는 비단 개인 간의 거래뿐만 아니라 특정 집단이나 국가에 대해서도 성립한다. 따라서 거래가 이루어지고 나면 각 경제주체는 일정한 화폐적(pecuniary) 혹은 비화폐적(non-pecuniary) 이익을 얻게 되는데, 본 모형에서는 모든 이익이 화폐적으로 지불된다고 가정하였으며, 거래 이익률은 거래하는 금액에서 어느 정도의 비율로 각 경제주체에 이익이 가는지를 결정하는 것이다.

거래 이익률이 높으면 높을수록 그 경제는 분업과 전문화가 잘 이루어져 있으며 경제의 전반적인 효율이 높은 것이라 볼 수 있다. 반면 거래 이익률이 낮으면 각 경제주체들이 거래에 참여할 동기가 낮은, 물물교환에 근거하는 경제에 보다 가깝다고 할 수 있다.

3) 자본 교환율

두 경제주체가 만났을 때 보유하고 있는 자본량에 차이가 존재한다면 과연 그 격차의 어느 정도만큼을 거래에서 나눌지가 자본 교환율이다. 예를 들어, 자본이 30인 경제주체와 40인 개인이 만났을 때, 자본 교환율이 50%라면 상호 간의 자산 격차인 10에 대해서 전체가 아니라 50%에 해당하는 5만큼을 양자가 균등하게 나누어 가지게 되어, 거래가 종료되면 두 개인은 32.5와 37.5만큼의 자본량을 각각 가지게 된다.

자본 교환율은 본 모형에서 깊이 있게 다루지는 않으나 노동의 가격이 어떻게 설정되는지를 부분적으로 설명해 주며, 또한 시장에서 두 경제주체가 만나서 거래할 때 화폐와 반대 단위로 교환되는 재화나 용역의 가격이 어떻게 결정되는지에 관한 메커니즘과 연관되어 있다. 그러나 이러한 영역이 본 모형에서 주 관심사는 아니기 때문에 이에 대해서는 보다 깊이 있게 다루거나 해석하지는 않고자 한다.

다만, 효율적인 경제에서는 자본 교환율이 더욱 높을 것이고 비효율적이며 물물교환에 가까운 경제에서는 자본 교환율이 낮을 가능성이 높다. 자본 교환율은 다른 의미로는 각 개인이 자산 격차에서 어느 정도의 비율을 거래에 내놓고 어느 만큼을 자신이 계속 보유할지를 결정한다. 따라서 자본 교환율이 높을수록 거래에서 지불할 의사가 높아지며, 이는 거래가 더욱 잦거나 활발하게 이루어지는 것과 동일한 효과를 낼 수 있다.

4) 자본소득

본 모형에서는 매 기(期)를 마칠 때마다 각 개인이 자신이 보유한 자산의 일정 비율을 자본소득으로 받는다. 현실에서도 자본의 대여와 융자를 통해서 경제의 효율성이 높아지고 투자가 이루어짐에 따라 경제 내 부(富)의 총량이 증가하는데, 본 모형에서도 자본소득은 경제 전체에서 부가 외부로부터 새롭게 유입되는 창구와 같은 역할을 한다. 따라서 자본소득률이 높으면 높을수록 경제 전체의 부가 더욱 증진된다.

또한 자본소득을 소득 상위 몇 %의 경제주체들이 가지는지도 중요하다. 자본 소득을 누리는 경제주체들의 비율이 크면 클수록 경제 내 부의 창출이 커지는 반면, 일부 한정된 집단만이 자본소득을 누릴 수 있다면 자산 수준에서 소득 격차가 확대됨은 물론 경제 전체의 성장률 역시 떨어지게 된다.

5) 조세 및 재분배

모형 내에서 정부는 소득 기준 상위 일정 비율의 개인에게 보유한 자산에서 세율만큼의 비율을 세금으로 걷어서 해당 조세 수입을 소득 하위 집단에 균등하게 분배한다. 이 과정에서 우리는 모형 내 네 가지 요소를 결정해야 한다.

첫째로 세율이다. 세율은 납세 대상 경제주체들로부터 자산의 몇 %를 세금 수입으로 걷어가는지를 보여주는 지표이다. 세율이 높으면 높을수록 조세 수입이 늘어나고 상위 소득자들의 자산 수준이 낮아지며 재분배를 위한 재원이 커진다.

둘째로는 납세 대상자는 어떠한 개인인가 하는 것이다. 대부분의 국가에서 저소득층은 실효 세율이 낮거나 조세 납부의 의무를 면제받으며 고소득층일수록 실효 세율이 높아진다. 따라서 본 모형에서는 소득 상위 몇 %의 개인에게서 세금을 수취하는지를 설정할 수 있게 하였다.

셋째로는 이러한 조세 수입을 어떠한 개인들에게 나누어 주는가이다. 일반적으로 사회보장제도나 저소득층 지원 및 재분배 정책은 저소득층을 대상으로 하므로 본 연구에서는 하위 몇 %의 개인에게 세금을 재분배하는지를 설정할 수 있게 하였다. 반드시 납부자들이 재분배 대상이 될 수 없는 것은 아니므로 납세자의 비율과 분배를 받는 소득 집단 비율의 합이 반드시 100일 필요는 없으며, 그 합이 100 이하여서 중간 소득의 일부는 세금을 납부하지 않는 대신에 어떠한 재분배도 받지 않을 수 있고, 반대로 그 합이 100 이상이어서 중간 소득의 일부 경제주체들은 세금을 납부하는 대신 조세 수입의 일정액을 돌려받을 수도 있다.

본 모형에서는 조세 납부에 따른 근로 의욕 저하나 경제 활동을 덜할 유인은 존재하지 않으나, 현실에서는 세율이 높으면 높을수록 경제주체들의 근로 의욕이 감소하게 마련이다. 또한 정부부문이 시장에 개입함에 따라 시장 내 수요-공급의 원리가 이론상 가장 효율적인 방식으로 작동하지 않음에 따른 손실이 발생한다. 이를 정부 개입에 의한 비효율이라 칭하는데, 본 모형에서는 기술한 두 가지의 요소를 고려하여 정부 손실이라는 설정치를 추가하였다. 만일 정부 손실이 5%라면, 정부는 수취한 조세에서 5%를 제외한 95%만을 재분배하며, 5%의 금액은 경제에서 사라진다. 따라서 정부 손실의 크기는 정부가 시장에 개입하는 정도라고 볼 수도 있고, 정부가 얼마나 효율적으로 일하는지를 측정한 지표라고 할 수도 있다.

6) 생산성 충격

현실 경제에서는 성장하는 산업과 사양 산업이 존재한다. 이는 경제 내 특정 분야에서 양의 생산성 충격이 발생하여 경제 전체의 성장을 견인하는 반면, 어떠한 부문은 생산성이 극도로 낮거나 음의 생산성을 가져서 오히려 소득 수준을 전반적으로 떨어뜨리는 효과를 낳기도 한다. 그리고 실제 경제에서는 양의 생산성 충격과 음의 생산성 충격이 혼재되어 있다. 이러한 생산성 충격을 모형에서 반영하기 어려운 요소 중 하나는 생산성 충격을 어떻게 측정할 것이며, 양의 생산성 충격이나 음의 생산성 충격이 경제주체들에 어떠한 경로로 전달되는지를 파악하기 어렵다는 점에 있다.

본 모형에서는 모든 생산성 충격이 화폐적으로 치환 가능하여 특정한 영역에 존재하는 개인을 성장 산업에 종사하는 개인으로 간주하고 이들에게 일정한 주기마다 양 혹은 음의 자산 충격을 줄 것이다. 충격을 받는 집단은 전체 개인의 10%로 설정하였다.

이때 경제주체들이 반드시 한 자리에만 고정되어 있지 않으므로 양이나 음의 생산성 충격을 받은 주체가 그다음 기에는 다른 산업(위치)으로 이동하여 자신이 받은 생산성 충격을 경제 전체에 전달한다. 한편 모형에서 생산성 충격이 특정 개인들에게만 발생하는 경우와 특정 영역에서 발생하는 경우를 모두 테스트해 보았으나 생산성 충격이 발생한 이후 거래를 통해 이러한 자산 변동이 경제 전체에 주는 영향은 비슷하여 최종적인 결과에 큰 영향을 주지 않아 두 경우를 별도로 다루지는 않았다.

7) 지니계수

지니계수는 경제 내 최종적인 분배 상태가 얼마나 평등한지를 측정하는 값이다. 지니계수는 해당 정의 그대로 로렌츠 커브와 이상적인 완전 평등선 간의 면적을 측정한 것이며, 1이 최대치이고 0이 최소치이다.

지니계수의 크고 작음은 이후 소개할 경제 내 소득에서의 표준편차와 더불어 한 경제 내에서 최종적인 균제 상태에서 경제주체들 간의 소득이 얼마나 균등하게 분포되어 있는지를 보여주는 직접적인 지표이다. 따라서 모형에서 여러 설정을 변경해 가며 수렴 상태에서 지니계수를 비교함으로써 어떠한 요인이 보다 균등한 분배 상태를 이끌어 내는지를 살펴볼 수 있다.

본 모형에서 균제 상태는 지니계수의 변동으로 정의하였는데, 지니계수의 값이 소수점 셋째 자리 기준으로 5기 연속 동일하다면 균제 상태에 도달한 것으로 판별하였다. 따라서 본 모형에서 수렴까지 소요되는 최소 기간은 초기 상태 1기를 포함한 6기이다. 한편 모형에서 지니계수가 1,000기까지 수렴하지 않으면 해당 모형에서는 균제 상태가 존재하지 않는다고 보고 해당 기에서의 결과치를 보여주게 설정하였다.

8) 수렴 기간

본 모형의 장점은 초기 상태에서 수렴 상태 혹은 균제 상태에 도달하는 데 걸리는 기간을 측정한다는 데 있다. 만일 어떠한 요소가 균제 상태에 도달하는 기간을 늘린다면, 특별히 더 평등한 분배 상태를 달성하지 않는 이상 해당 요소는 정책 수단으로서 비효율적인 수단이라 할 수 있다. 일반적으로 좋은 정책 수단은 빠르면서 심한 부작용 없이 원하는 정책 목표를 달성하는 것이다. 여기서는 지니계수와 소득 지표를 살펴봄으로써 경제 내에서 원하는 목표가 달성되었는지 부작용은 없는지를 간접적으로 살펴볼 수 있음과 아울러 해당 정책 목표가 실현되는 데 소요되는 시간도 알 수 있다. 따라서 수렴 기간은 설정치의 변경이 얼마나 효율적인지를 측정하는 평가 요소로서 역할을 할 것이다.

9) 소득 지표

경제 내에서 경제주체들 간에 소득이 어떻게 분포하고 있는지, 그리고 이러한 소득 분배 상태가 효율적인지를 평가하는 요소로서 세 가지 결과치를 고려하고자 한다.

평균은 경제주체들이 보유한 자산의 전체 평균이다. 따라서 직접적으로 평균의 크기를 비교함으로써 특정한 설정치의 변동이 경제 내 소득 수준을 올리는지 내리는지를 알 수 있다. 만일 지니계수와 표준편차가 동일하다면 평균은 크면 클수록 좋다고 해석할 수 있다.

평균과 아울러 중앙값도 주요 결과 변수이다. 중앙값이 평균치보다 크냐 작냐는 소득 분포가 left-skewed 되어 있는지 right-skewed 되어 있는지를 알 수 있는 요소이다. 이상적인 경우에는 두 값이 일치해야 하겠으나, 현실에서는 소득의 상방은 열려있는 반면, 하방은 0으로 닫혀 있기 때문에 right-skewed 되어 중앙값이 평균보다 더 크게 마련이다.

마지막으로 고려할 소득 지표는 자산의 표준편차이다. 이미 지니계수를 통해 소득 분포의 불균등성을 살펴볼 것이라 언급하기는 하였으나, 지니계수는 이상적인 균등 소득 분배와 비교하여 전체적인 소득 분배가 얼마나 동떨어져 있는지를 측정할 뿐, 개별 경제주체들 간의 소득 격차나 불균등의 정도를 직접적으로 보여주지는 않는다. 따라서 표준편차를 통해서 최종적인 균제 상태에서 자산 분포가 얼마나 불균등한지를 추가적으로 표준편차를 통해 알아보고자 한다.

당연하게도 표준편차가 크면 클수록 경제주체들 간의 소득 격차가 크며 작으면 작을수록 소득 격차가 작다고 이해할 수 있다.

나. 모형 내 변수 설정 근거

본 절에서는 경제 내 조건을 다양하게 변화시켜 가면서 각 요소가 최종적인 균형 분배 상태에 미치는 영향을 여러 측면에서 살펴보고자 한다. 이를 위해서 기본적인 몇 가지 변수에 대해서 그 값을 설정할 필요가 있다. 향후 대부분의 모형에서 고정적으로 사용할 변수는 크게 초기 분배 상태, 세율, 그리고 정부에 의한 조세 수입에서의 손실이 있다.

초기 분배 상태는 기본 모형에서의 몇 가시를 제외히고는 현재 우리나라 경제의 분배 상태를 초기값으로 설정하고자 한다. 이는 향후 모형에 다양한 요소를 추가하였을 때 경제에서 일어나는 변화를 통해 직접 우리나라 경제에 적용해 해석할 수 있으며, 아울러 모형 설정치의 현실에 기초한 근거도 찾을 수 있다. 무엇보다 본 절의 캘리브레이션 결과를 바탕으로 직접적인 정책적 시사점도 찾을 수 있다는 장점이 존재한다.

이상적인 경우라면 초기 분배 상태의 값은 우리나라 경제의 각 개인별 소득이나 자산 수준에 기초하여 설정하는 것이다. 그러나 현실적으로 5,000만 명 개개인의 소득 수준을 파악하는 것은 불가능하다. 따라서 전국 단위 가구의 10분위별 소득과 경상 및 비경상 조세 납부액, 그리고 사회보험료를 파악할 수 있는 가계동향조사 자료를 통해서 파악하고자 한다. 해당 수치에 근거하여 초기에는 경제 전체를 10개의 상이한 소득 수준으로 구성된 동일한 수를 가진 인구 집단으로 설정할 것이다. 또한 세금을 납부하는 인구의 비율과 세율 역시 이에 근거하여 산정하려 한다. 이를 위해 2024년 2/4 분기 기준 가계동향조사에서 분위별 경상소득과 재산소득, 공적 이전소득, 경상 조세와 비경상 조세, 사회보험 및 연금의 납부액을 가져온 것이 〈표 3-1〉이다.

가계동향조사에서는 가구별 이자 소득을 직접 제공하고 있지 않다. 재산

소득은 부동산 소득과 이자 소득, 그리고 그 외 임대 수입 등을 포괄할 것이나, 이 모든 것이 물적자본과 금융자본으로부터 기인하는 소득이라 간주하고, 재산 소득을 모형 내에서 자본 소득의 근거로 삼고자 한다.

한편 세율에 있어 모형과 현실 간에 큰 차이가 존재한다. 바로 세율의 누진성이다. 현실에서는 소득 수준에 따라서 세율이 누진적으로 증가하여 부과되나, 모형에서는 누진성을 설정하는 데 현실적인 어려움이 존재한다. 첫째는 누진세의 적용 구간이 매년 변경된다는 것이고, 둘째는 실효세율을 파악하여 적용하기 위해서는 세금 환급까지 고려해야 하나 이것까지 모형에 반영하는 것은 사실상 불가능하다. 더군다나 각 개인의 소득 수준을 매 기마다 파악하여 누진 구간별로 세금을 각각 계산하여 합산해 납부시키는 것은 많은 시간과 큰 컴퓨팅 자원을 필요로 한다. 그러므로 본 모형에서는 세율과 관련하여, 실제 세금을 납부하는 분위를 파악하여 소득 기준 상위 일정 비율 이상의 개인들에게 정부가 세금을 부과하고, 이 세율은 단일한 형태로 할 것이다.

한편 공적이전소득에는 각종 사회보험이나 사회보장을 통한 이전소득도 존재한다. 그리고 사회보험이나 연금 등은 준조세의 성격을 지니므로, 본 모형에서 적용할 실효세율을 계산할 때는 이러한 사회보장 지출과 연금 납부액까지 포함하여 계산하고자 한다.

이전소득을 정부에 세금을 납부한 대가로 소득을 기준으로 일정한 비율 이하의 가구에 정부가 세수를 재분배하는 것이라 이해한다면, 가계동향조사상의 '공적이전소득 – 조세 – 사회보장 및 연금'에 해당하는 액수가 0보다 큰 집단은 사실상 세금을 납부하지 않고 정부에 의해서 세수를 재분배 받는 집단이라 설정할 수 있다. 그러므로 모형에서 세금을 납부하는 사람들은 소득 기준 상위 몇 %이며, 하위 몇 %의 사람들에게 정부가 세수를 나누어 주는지를 가계동향조사상의 세 가지 항목으로 파악하고자 한다.

마지막으로 정부가 시장에서 각종 공적 활동을 하면 필연적으로 정부에 의한 손실이 발생한다. 이를 정부 비효율로 지칭하기도 하는데, 정부가 시장에 개입하여 소득 재분배 및 각종 공공 행위를 위해서 세금을 거두고 재분배를 실시하는 과정에서 필연적으로 정부가 없을 때와 비교하여 시장 내에서 순손실이 발생한다. 모형 내에서도 정부가 거둔 세수의 일정 비율을 정부에 의한 순손실로 설정하여 매 기마다 세수의 일정 비율을 사라지는 부의 크기로 설정하였다. 이 크기는 경제 전체의 가구가 납부한 조세와 사회보험 및 연금 액수의 합과 경제 전체의 가구가 받는 공적 이전소득의 합 간의 차이를 조세 및 사회보험과 연금 납부액으로 나눈 비율로 계산하고자 한다.

이에 따라 〈표 3-1〉에 근거하여 경제 전체는 캘리브레이션 시작 시점에 소득 수준이 (739, 1,550, 2.368, 3,093, 3,808, 4,562, 5,429, 6,466, 8,120, 12,582)의 금액을 가진 개인이 각각 1만 명씩 존재하는 것으로 설정할 것이다. 한편, 매 기마다 거래를 마친 후 각 개인은 약 1.06% 정도의 이자 수입을 얻을 것이며, 소득 기준 상위 50%의 개인이 자신의 자산에서 약 5~10분위 개인의 평균 납부 세율인 11.5%에 해당하는 금액을 정부에 납부할 것이다. 또한 첫 행을 통해 전체 가구가 납부하는 세금 및 사회보장 액수의 합인 55만 2,712원과 공적이전소득의 평균 수령액인 53만 6,149원의 차이를 55만 2,712원으로 나눈 값인 3%를 정부부문에 의해 메 기마다 발생하는 손실로 설정하였다.

매 교환마다 두 경제주체 간의 소득 차이에서 어느 정도의 비율을 서로 나누어 가지는지에 대해서는 〈표 3-1〉의 소비 지출이 경상소득에서 차지하는 비율을 사용하였다. 경제주체들이 자신들의 소득을 교환하는 행위는 물물교환 경제가 아닌 이상 필연적으로 재화나 용역의 이동을 수반한다. 또한 거래 행위 자체가 적어도 2명 이상의 경제주체들이 시장에서 서로 만나서 거래를 위한 조건에 합의하여 실제 성사되었음을 뜻한다. 그러므로 각 거래에서 경제주체들이 어느 정도의 비율로 소득에서의 격차를 나누어 가지는지에 대해서는 소비성향, 즉 경상소득 대비 소비 지출의 비율을 사용하였다. 이 값은 한계 소비 성향 이론이 제시하듯 가장 소득이 낮은 1분위에서 높고 가장 소득이 높은 10분위에서 가장 낮게 나타나는 것이 표에서 확인 가능한데, 본 모형에서는 각 경제주체별로 다른 비율을 부여하는 것이 현실적으로 불가능하기 때문에 모든 경제주체들이 동일하게 57.7%의 자본 격차를 서로 나누어 가지는 것으로 설정하였다.

가계동향조사를 토대로 설정한 값들이 얼마나 현실적인지를 살펴보기 위해서 실제 세금을 납부하는 사람들의 비율과 실효 소득세 수치를 살펴보았다. 정확한 숫자는 매년 다르지만, 대략 50% 정도의 개인이 0 이상의 실효

세율을 기록하며, 이들의 평균 실효세율은 2022년 기준 약 11.8%로 보고되었다. 이는 5분위와 6분위 사이부터 납부하는 세금과 수령하는 공적이전소득의 크기가 역전되는 가계동향조사 결과와 유사하며, 가계동향조사상으로 계산한 전체 집단의 실효세율 평균인 11.5%와도 상당히 근접한다. 따라서 모형에서 설정한 값들이 현재 우리나라 경제의 현실과 상당히 부합한다는 점을 확인할 수 있다.

가장 이상적인 경우라면, 일정 시점의 우리나라 경제의 상황을 상정한 후, 이를 바탕으로 최근 시점의 우리나라 경제와 유사한 결과를 내도록 모형 내 각종 값들을 설정한 후, 이 값들을 바탕으로 현 시점의 경제 상태를 초기값으로 넣고 각종 변수의 수치를 조정해 가며 모형의 결과를 살펴보는 것이다. 가계동향조사의 자료를 고려하면 2006년의 소득 10분위별 값들을 이용하여 초기 상태를 설정하고 이후 계수를 조정해 가며 2024년의 지니계수를 얻어내는 것이다. 그러나 이러한 접근 방법은 실현 가능하지 않다.

첫째로, 현 모형에서는 인구가 고정된 것으로 가정하였으나 현실에서는 인구가 꾸준히 증가하다가 최근에 감소하였는데, 이러한 인구 변동의 추세를 매 기마다 모형에 반영하는 것이 불가능하다. 둘째로, 매년 세율과 세제가 달라지고 있는데 이를 모형에서 매 기마다 수동으로 변경해 가며 반영하는 것이 불가능하다. 셋째로, 모형에서는 대외 부문으로부터의 충격이 생산성 충격이라는 형태로 반영 가능하지만 제한적인 영향을 준다. 그러나 현실에서 우리나라는 대외 부문의 비중이 전체 경제의 50% 이상을 차지하기 때문에 대외 부문에서 발생한 충격이 경제 전체에 상당히 큰 변화를 초래했을 것이다. 그러나 이러한 요소를 모형 내에 반영하는 것은 쉽지 않다. 대외 부문의 충격으로 인한 문제는 비단 대외 부문을 모형에 삽입하기 어렵다는 데 그치지 않는다. 현실의 지니계수는 여러 요소들의 충격이 누적된 결과인데, 이를 한정된 모형으로 맞추어 결과를 내기 위해서는 필연적으로 일부 변수들의 값이 현실과 동떨어질 수밖에 없다.

이러한 이유로 본 절에서는 최근의 가계동향조사 수치를 이용하여 모형을 설정한 후 이후 경제의 균형 상태를 비교하는 것으로 여러 요인들의 영향을 비교하는 방향으로 연구를 진행하고자 한다.

〈표 3-1〉 가계동향조사 소득10분위별 가구당 가계수지(전국, 1인 이상)

분위	경상소득	재산소득	공적 이전소득	소비지출	조세	사회보험 및 연금	재산 소득률	소비 지출률	이전 소득률	조세율
전 체	4,873,243	51,528	536,149	2,813,211	225,750	326,962	1.06	57.7	11.00	11.34
1분위	738,947	7,487	435,257	1,121,958	9,795	22,119	1.01	151.8	58.90	4.32
2분위	1,549,732	18,252	692,721	1,381,038	14,933	35,053	1.18	89.1	44.70	3.23
3분위	2,368,212	36,556	538,738	1,654,153	30,410	105,248	1.54	69.8	22.75	5.73
4분위	3,092,509	32,516	534,058	2,010,007	56,180	175,352	1.05	65.0	17.27	7.49
5분위	3,808,294	40,462	611,168	2,319,646	87,559	242,647	1.06	60.9	16.05	8.67
6분위	4,561,986	36,583	490,463	2,869,171	152,582	308,219	0.80	62.9	10.75	10.10
7분위	5,429,233	39,947	510,643	3,326,260	165,963	374,619	0.74	61.3	9.41	9.96
8분위	6,466,106	52,357	511,384	3,698,726	352,449	465,612	0.81	57.2	7.91	12.65
9분위	8,119,783	63,452	549,786	4,220,596	392,890	604,633	0.78	52.0	6.77	12.29
10분위	12,582,414	187,479	486,172	5,524,789	993,326	935,050	1.49	43.9	3.86	15.33

주 : 경상소득, 재산소득, 공적이전소득, 조세, 사회보험 및 연금은 원 단위, 재산소득률, 이전소득률, 조세율은 %임.
자료 : 2024년 2/4분기 가계동향조사 소득 10분위별 가구당 가계수지 (전국, 1인 이상) 전체 가구 (근로자가구와 비근로자가구 합산) 및 저자 계산.

2. 기본 모형

이번 소절에서는 앞서 가계동향조사를 통해 얻은 수치가 아닌 이상적인 경제 상황을 상정하여 여러 설정치를 변경함으로써 다양한 설정 변수의 변화에 따른 모형 결과의 변화를 살펴보고자 한다. 이를 위해서 초기의 자산 수준이 (10, 20, 30, 40, 50)인 다섯 개 집단이 각각 1,000명으로 구성된 인구 5,000명의 경제를 상정하였다. 기본적인 가정은 〈표 3-2〉의 첫째 열에서 확인할 수 있다.

기본적인 설정에서 모형은 38기 후에 지니계수 값이 0.2220이 되는 수준으로 수렴하였으며, 이때 평균은 30, 중앙값은 39.04가 되었고, 표준편차는 12.69로 나타났다. 거래 조건에서 자산 대비 50% 수준 이내의 격차를 보이는 경제주체와 거래를 하도록 만든 설정은 인위적으로 가장 최하위 계층인 자산 10의 경제주체들이 어떠한 거래도 하지 못하는 상황을 만들기 위한 것이다. 이 상황에서 자본소득이나 정부 손실, 생산성 충격은 없기 때문에 외부로부터 유입되거나 다른 곳으로 유출되는 자본 없이 처음 주어진 자본 총량이 그대로 유지되기에 평균은 30이지만, 이후 자산이 20 이상인 모든 경제주체들은 서로 거래를 하면서 비슷한 소득 수준으로 수렴한다. 그래서 중앙값은 40에 가까운 값으로 변하게 되고, 지니계수는 최하위 20%가 여전히 자산 수준 10에 머물러 있기 때문에 비교적 높게 나타난다.

이 상황에서 매 기마다 가능한 거래 횟수를 두 배로 늘리면 경제 내 마찰적 요인이 줄어든다. 이때 지니계수상으로는 큰 변화가 없는 0.217을 얻었으며, 평균과 중앙값, 표준편차 모두 비슷한 수치를 보인다. 이는 여전히 최하위 20%가 거래에 참여하지 못하기 때문에 발생하며, 경제 내외로 자본의 순유입이나 순유출이 없는 상황은 동일하기 때문이다. 다만, 한 가지 차이점으로는 수렴 기간이 38기에서 28기로 단축되었다. 이론상으로는 거래 횟수가 두 배 늘었기 때문에 수렴 기간이 반으로 줄어들어야 하나, 여기서는 매칭이 이루어지는 과정에서 거래가 성립하지 않는 경우도 추가적으로 더 많이 발생하므로 수렴 기간이 절반으로 줄어들지는 않았다. 이를 통해 경제 내 마찰적 요소를 줄이면 경제가 보다 빨리 균제 상태로 수렴할 수 있음을 확인하였다.

반면, 거래 조건에서 격차가 자산의 50% 이내로 들어오는 것이 아니라 40%로 보다 엄격하게 제한한다면, 지니계수와 평균, 표준편차는 큰 변화가 없는 반면, 중앙값이 38.8로 작아졌다. 이는 기존에는 최하위 20%만이 거래에서 배제되었다가 차하위인 자산 규모 20의 경제주체들까지 거래에서 배제됨에 따라 중앙값이 조금 아래로 이동하게 되었다. 한편 이러한 조건 변화는 경제 내에서 거래를 위한 마찰적 요소가 늘어난 것이라 볼 수 있다. 이는 앞서 거래 횟수가 늘어난 것과 정반대의 상황인데, 마찬가지로 큰 폭은 아니지만 수렴 기간이 조금 증가하여 40기가 소요되었다. 이는 두 경제주체들이 매칭되었을 때 거래가 성립하지 않는 경우가 증가함에 따라 최종적인 균형으로 수렴하는 데 더 많은 탐색 기간이 소요된 것으로 해석할 수 있다.

자본 교환율을 낮추면 두 경제주체들 간의 자산 격차가 줄어드는 속도가 낮아진 것이라 볼 수 있다. 이론상으로는 보다 긴 수렴 기간이 필요할 것으로 예측되며, 실제 몇몇 사례는 그러한 결과를 보여주었으나, 많은 경우 기본적인 설정과 크게 다르지 않은 결과를 보여주었다.

한편, 정부가 도입되어 자산 기준 상위 50%의 경제주체들에 10%의 세율을 부과하고, 이렇게 모인 조세 수입을 하위 50%에게 배분하는 정책을 펼치는 경우, 지니계수가 앞서와 다르게 획기적으로 줄어든 것을 확인할 수 있다. 지니계수는 0.04 정도로 낮아졌으며, 균형 상태로 수렴하는 데 소요되는 기간 역시 38기에서 17기로 획기적으로 낮아졌다. 이렇게 정부부문이 도입되면서 나타난 또 다른 변화는 평균과 중앙값이 거의 비슷한 수준으로 일치하기 시작했다는 점이다. 이는 정부의 개입으로 인한 인위적인 소득 재분배 정책이 전반적인 소득 수준을 앞선 제3절에서 살펴본 정규분포와 상당히 유사하게 만들고 있음을 시사한다.

여기서 한 가지 짚어 볼 점으로, 평균이 이론상으로는 30이 나와야 하지만 정부가 수취한 조세를 재분배하는 과정에서 1인당 지급액에서 일정 자릿수 이하의 소수점을 버리도록 하였는데, 이것이 누적되어 평균이 조금 낮아진 결과를 초래하였다. 따라서 평균과 중앙값을 30으로 놓고 결과를 해석하여도 무방하다 할 수 있다.

한편 정부가 조세를 납부하는 집단을 보다 자산 규모가 높은 집단으로 줄이고, 더 많은 경제주체들에 균등하게 조세 수입을 나누어 주는 방향으로 정책을 바꾼다면 유사한 소득 지표와 지니계수를 도출하면서도 동시에 수렴 기간이 17기에서 15기로 획기적으로 줄어들게 됨이 확인 가능하다.

재미있는 결과는 상위 50%에 조세를 수취하고 하위 50%에 재분배를 펼치는데, 세율을 10%에서 20%로 높이는 경우에는 오히려 분배 지표인 지니계수가 높아진다는 점이다. 세율이 높아졌기 때문에 자산 격차가 더욱 빠르게 줄어들어 수렴 기간은 17기에서 15기로 조금 단축되는 것이 일관되게 관찰되나 지니계수와 표준편차가 높아진 점은 전반적인 자산 분배의 불균등성이 커졌음을 의미한다. 이는 보다 정확히는 이미 자산이 충분히 균등한 상태로 분배되고 나서도 정부가 작은 소득 격차에 따라 상위 50%를 선별하여 자산의 20%를 조세로 납부토록 함에 따라 오히려 조세와 재분배를 통한 자산 균등화가 불균등을 초래하기 때문이다.

한편 기본 설정에서 자산 기준 상위 50%의 개인에게 5%의 자본소득이 발생하게 하면 모든 결과 변수 값에서 큰 변화가 나타나는 것이 확인되었다. 첫째로 지니계수가 0.490으로 거의 0.5에 육박하게 되었다. 한편 수렴 기간 역시 72기로 크게 늘어나고 표준편차 역시 크게 확대됨이 확인 가능하다. 여기서는 자산을 재분배하는 정부부문의 역할이 없기 때문에 자본의 순유입인 조세 수입만이 존재하는 상황에서 상하위 집단 간의 자산 격차가 지속적으로 벌어지기 때문에 나타나는 일이다. 따라서 72기 이후에 수렴한 것 역시 지니계수상으로 더 이상의 자산 격차 확대가 지니계수를 크게 변화시키지 못하는 수준으로 도달하였기에 나타난 결과라고 볼 수 있다. 한편 자본의 순유입으로 평균은 707.18로 크게 늘어났으며, 중앙값도 668.21로 커져 있는데 여기서 하위 20%는 거래도 하지 못하고 자본 수입도 얻지 못함에 따라 자산 수준이 10에 그대로 머물러 있으며, 자산 수준이 20인 경제주체들도 초기에 운 좋게 거래를 위한 매칭이 성사되지 않으면 자본소득이 없는 상황에서 그대로 20에 머무르는 반면, 자산이 40 혹은 그 이상인 경제주체들은 매 기마다 5%씩의 자산 증식이 발생하면서 자산이 크게 증가하기 때문에 전체적인 부의 분배가 left-skewed 되는 양상을 보인 결과로 중앙값이 평균보다 작게 나타났다.

한편 정부가 재분배 과정에서 전체 조세 수입의 2%를 순손실로 상실하는 정부 비효율을 도입했을 때, 평균과 중앙값이 정부 손실이 없는 경우보다

〈표 3-2〉 기본 모형의 캘리브레이션 결과

초기 상태 : (10, 20, 30, 40, 50) & (1,000, 1,000, 1,000, 1,000, 1,000)																
설 정												결 과				
거래 조건	거래 횟수	거래 이익률	자본 교환율	자본 소득	자본소득 상위%	세율	납세 상위%	분배 하위%	정부 손실	생산성 충격	충격 주기	지니 계수	수렴 기간	평균	중앙값	표준 편차
±50%	1	0	50%	0	-	0	0	-	0	-	-	0.222	38	30	39.04	12.69
±50%	2	0	50%	0	-	0	0	-	0	-	-	0.217	28	30	39.58	12.66
±40%	1	0	50%	0	-	0	0	-	0	-	-	0.224	40	30	38.80	12.72
±50%	1	0	30%	0	-	0	0	-	0	-	-	0.227	37	30	38.40	12.76
±50%	1	0	50%	0	-	10%	50%	50%	0	-	-	0.037	17	27.95	27.96	1.81
±50%	1	0	50%	0	-	10%	40%	60%	0	-	-	0.030	15	27.73	27.98	1.45
±50%	1	0	50%	0	-	20%	50%	50%	0	-	-	0.076	15	28.22	28.27	3.72
±50%	1	0	50%	5%	50%	0	0	-	0	-	-	0.490	72	707.18	668.21	687.7
±50%	1	0	50%	5%	50%	10%	50%	50%	0	-	-	0.029	16	42.13	41.38	2.12
±50%	1	0	50%	0	-	10%	50%	50%	2%	-	-	0.036	21	27.36	27.39	1.74
±50%	1	0	50%	5%	50%	10%	50%	50%	2%	-	-	0.028	15	40.53	39.89	2.02
±50%	1	0	50%	5%	100%	10%	50%	50%	2%	-	-	0.036	14	52.77	52.14	3.36
±50%	1	5%	50%	5%	100%	10%	50%	50%	2%	-	-	0.036	14	54.09	53.40	3.43

자료 : 저자 계산.

작아지는 것을 제외하면 전체적으로 유의미한 변화는 찾지 못하였다.

정부부문과 자본소득을 모두 고려한 모형에서는 정부의 재분배로 인해서 상위 계층의 자본소득 증가가 경제 전체의 소득 증가로 빠르게 확산됨에 따라 15기 만에 수렴이 이루어지는데, 이는 정부부문이 도입된 모형들과 유사하다 할 수 있다. 다만 지니계수가 낮아지고 평균과 중앙값은 올라가는데, 이는 정부 손실보다 자본의 유입이 더 크기 때문에 평균과 중앙값이 상승한 결과이다. 또한 지니계수가 낮아진 것은 상위 계층에 지속적으로 자본의 순유입이 발생함에 따라 매 기마다 상하위 계층 간의 자산 규모가 확대되는데, 이 상황에서 정부가 지속적으로 재분배 정책을 펼침에 따라 결과적으로 자산 배분의 균등성이 더욱 높아지는 결과를 초래한 결과이다.

한편 자본소득의 발생이 전체 경제주체들에 일어나면 자산 규모가 크게 증가하는 대신 지니계수도 더욱 크게 증가하는 것으로 나타나는데, 이는 매 기마다 정부가 재분배 정책을 펼치는 것의 효과가 줄어들기 때문이다. 이는 충분한 시간이 지나서 정부의 재분배 정책이 전체적인 자산 배분 상태를 개선하여 전반적인 부의 수준이 크게 차이가 나지 않게 된 상황에서도, 특히나 하위 계층도 자본소득을 얻는 상황에서, 정부의 지속적인 재분배 정책이 오히려 부의 균등 분배를 저해하는 상황을 낳은 결과이다.

한편, 거래가 발생할 때마다 이익이 발생하는 경우에는, 평균이나 중앙값은 증가하나 수렴 기간이나 지니계수에는 큰 변화는 찾지 못하였다.

3. 현실적 모형

이번 소절에서는 앞서 가계동향조사를 통해 얻은 여러 변수치에 근거하여 모형을 설정하였다. 여기서 거래 조건은 최상위와 최하위 집단에서 이웃 집단과 거래가 일어나지 않으면서 가운데 세 개 집단에서만 거래가 일어나도록 설정하였으며, 이에 따라 자산 수준 20% 이내의 격차를 가진 경제주체들과의 거래를 허용하면 초기 상태에서 5, 6, 7분위 집단 간에는 거래가 발생한다. 거래 이익률은 모형이 과도하게 빠르게 수렴하거나 혹은 수렴을 방해하지 않는 선에서 1% 이하로 설정하였다.

일단 기본적인 설정하에서 경제는 18기 만에 지니계수 0.043의 값으로 수렴하였으며, 평균은 5,663, 중앙값은 5,662였고, 표준 편차는 422.4이었다. 평균과 중앙값이 비슷하다는 점에서 모형의 균제 상태는 앞선 제3절에서 살펴본 정규분포와 흡사함을 확인할 수 있다.

여기서 거래 이익률을 0.5%에서 1%로 높이는 것은 앞서 기본 모형에서 살펴본 것과 유사한 결과를 보여주었다. 지니계수나 수렴 기간, 표준편차에서는 큰 변화가 나타나지 않았고, 다만 평균과 중앙값은 거래에 따른 자산 순유입이 증가하는 효과로 인해 기본 설정보다 소폭 상승한 것이 확인된다.

한편 한 기에 가능한 최대 거래 횟수를 늘리는 것이 여기서는 수렴 기간을 18기에서 32기로 크게 늘이는 결과를 가져왔다. 세금은 매 기가 종료될 때마다 납부하는 반면, 거래를 함에 따라 발생하는 거래 이익은 매 기에 더욱 늘어나는 효과를 낳기 때문이다. 즉, 사실상 거래 이익률이 매 기마다 0.5%에서 1% 내지는 최대 1.5%로 늘어나는 것이다. 따라서 거래 금액이 큰 자산 상위 집단에서 거래에 따른 이익이 더욱 크게 늘어남에 따라 매 기가 종료되고 나서 상하위 집단 간의 자산 격차가 더욱 늘어나는 효과가 발생하여 경제가 균제 상태로 수렴하는 데 더욱 오랜 시간이 걸리는 것이다. 다만, 이렇게 마찰적 요소를 줄이는 것이 수렴 기간을 늘리는 부작용만 낳는 것은 아닌데, 거래 이익률이 증가함에 따라 평균이나 중앙값이 모두 크게 증가한 것이 확인된다. 따라서 마찰적 요소를 줄이는 것은 일시적으로 자산 분배의 불균등성을 줄일 수는 있으나 경제 전반의 소득 수준을 제고하는 후생 증가 효과를 낳을 수 있음이 확인된다.

한편 거래 조건을 자산의 20% 이내 격차에서 10% 이내 격차로 낮추어 보다 거래가 성립되기 어렵게 만드는 경우에는 균형 상태로 수렴하는 데 무려 468기가 소요되었다. 이는 정부의 재분배 정책이 있음에도 불구하고 자산이 많은 경제주체와 적은 경제주체들 간의 거래가 적게 발생함에 따라 자산 재분배가 발생하는 통로가 경제 초기에는 재분배로만 한정되기 때문이다. 실제로 이 경우에는 초기 설정 상태에서 어떠한 자산 집단 간에도 거래가 발생하지 않는다. 따라서 본 모형상에서는 정부가 인위적인 소득 분배 정책에 개입하는 것보다 경제 내에서 거래가 더 많은 개인 간에 더욱 활발하게 일어날 수 있도록 마찰적 요소를 줄여주는 것이 궁극적으로 부의 균등성을 제고하는 데 더욱 효과적인 정책이라 할 수 있다. 다만 수렴 기간이 긴 것이 반드시 나쁜 것만은 아닌 것처럼 보일 수 있는 것이, 평균과 중앙값은 크게 늘어났으나 이는 수렴 기간이 길어진 데서 발생한 것으로, 다른 모형에서 균형 상태에 도달한 후에도 지속적으로 경제주체들 간의 거래가 발생한다면 이보다 더욱 평균이나 중앙값이 높아질 것이다. 일례로, 첫째 줄의 기본 설정하에서 450기 동안 계속해서 거래가 발생한다고 가정하며, 자산 규모에 따라 거래가 발생하지 않을 수 있으므로 (1.06-11.8*0.03+0.3)=1%의 자산 증식만이 발생한다 하여도 49만 8,500으로 두 배 이상의 평균값을 얻게 된다.

한편 거래 조건에서 격차가 자산 대비 30% 이내가 되도록 완화하면 더욱 거래가 활발하게 일어나서 지니계수는 첫째 줄의 표준 모형 대비 감소하는 반면, 나머지 값들은 유사한 수치를 보여준다. 다만, 수렴 기간은 거래가 활발하게 일어남에 따라 상위 집단 간의 자산 교환과 그로 인한 거래 이익의 추가적인 발생으로 조금 더 오래 걸리는 것이 확인된다.

한편 정부 손실률이 3%에서 절반으로 줄어드는 경우, 수렴 기간은 비슷하거나 조금 짧아진 반면, 자본의 외부 순유출이 줄어듦으로 평균과 중앙값이 상승함이 확인된다.

한편 세율을 반으로 줄인 결과는 앞서와 마찬가지로 흥미롭다. 당연히 세율이 낮아졌기 때문에 매 기마다 발생하는 자산 재분배의 정도가 약해지므로 균제 상태에 이르는 수렴 기간은 소폭 증가하여 21기가 되었으나, 균제 상태에서 지니계수나 표준편차가 줄어드는 것도 동시에 관찰된다. 이는 앞서와 마찬가지로 일정 시점이 지나서 자산 분포가 균등해지면 정부의 인위적인 개입이 오히려 자산 배분의 균등성을 저해하는 요소로 작동하기 때문이다.

납세하는 집단을 보다 상위 집단으로 줄이되, 재분배는 하위 집단으로만 한정하는 경우, 오히려 수렴 기간이 가장 짧게 나타났다. 이는 자산 불균등을 유발하는 두 집단인 최상위 계층과 하위 계층에 재분배 정책을 집중적으로 전재하는 것과 동일한 효과를 내는데, 이것이 경제가 균제 상태로 수렴하는 데 가장 효과적임을 의미한다. 한편, 표준 설정인 첫째 열과 비교해 본 설정에서 지니계수 값도 더욱 적게 나타났는데, 이는 이미 충분히 자산이 균등하게 분포된 상태에서 추가적인 자산 재분배를 통한 시장 왜곡이 한정된 집단에만 발생함에 따라 재분배 정책으로 인한 왜곡 효과가 줄어들었기 때

〈표 3-3〉 현실 모형의 캘리브레이션 결과

초기 상태 : (739, 1,550, 2.368, 3,093, 3,808, 4,562, 5,429, 6,466, 8,120, 12,582) & 각 집단별 10,000명																
설 정												결 과				
거래 조건	거래 횟수	거래 이익률	자본 교환율	자본 소득	자본소득 상위%	세율 %	납세 상위%	분배 하위%	정부 손실	생산성 충격	충격 주기	지니 계수	수렴 기간	평균	중앙값	표준 편차
±20%	1	0.5%	57.7%	1.06	100%	11.8	50%	50%	3%	-	-	0.043	18	5663.0	5662.1	422.4
±20%	1	1%	57.7%	1.06	100%	11.8	50%	50%	3%	-	-	0.043	18	5676.1	5675.4	423.2
±20%	3	0.5%	57.7%	1.06	100%	11.8	50%	50%	3%	-	-	0.037	32	6391.5	6430.6	429.4
±10%	1	0.5%	57.7%	1.06	100%	11.8	50%	50%	3%	-	-	0.032	468	275151	277094	16830
±30%	1	0.5%	57.7%	1.06	100%	11.8	50%	50%	3%	-	-	0.039	22	5865.0	5896.5	412.0
±20%	1	0.5%	57.7%	5.00	100%	11.8	50%	50%	3%	-	-	0.043	18	11206	11075	833.3
±20%	1	0.5%	57.7%	1.06	100%	11.8	50%	50%	1.5%	-	-	0.043	17	5706.7	5704.5	430.6
±20%	1	0.5%	57.7%	1.06	100%	5.9	50%	50%	3%	-	-	0.022	21	5892.1	5868.5	227.5
±20%	1	0.5%	57.7%	1.06	100%	11.8	30%	50%	3%	-	-	0.030	16	5554.1	5651.9	301.7
±20%	1	0.5%	57.7%	1.06	100%	11.8	30%	70%	3%	-	-	0.031	19	5796.4	5901.4	321.4
±20%	1	0.5%	57.7%	1.06	100%	11.8	50%	70%	3%	-	-	0.033	17	5677.1	5620.0	330.6
±20%	1	0.5%	30.0%	1.06	100%	11.8	50%	50%	3%	-	-	0.042	25	5999.6	5999.3	442.8

자료 : 저자 계산.

문으로 보인다.

반면 납세하는 집단은 그대로 두되 재분배 정책을 더 많은 집단에 펼치는 경우, 재분배 정책의 대상이 되는 하위 계층에 효과가 집중되지 못함에 따라 수렴 기간이 증가하는 효과를 관찰할 수 있었다.

납세하는 집단은 상위 50%로 고정하고 상위 30%를 제외한 70%의 경제주체들에 조세 수입을 재분배하는 경우 전반적인 수치에서 첫째 열과 큰 차이를 보이지 않았다. 다시 말해서, 모형 내에서는 재분배 정책에서 중요한 요소가 어떠한 집단에 과세할 것이냐이며, 재분배 대상은 하위 집단에 집중하여 주는 것이 보다 효과적이나 과세 대상을 한정하는 것보다는 균제 상태를 결정하는 데 덜 중요한 요소로 작용함도 알 수 있었다.

한편 자본 교환율을 낮추는 것은 수렴 기간을 늘리는 효과를 내었는데, 이는 거래를 통해 자연스럽게 자산 배분이 균등해지는 방향으로 가는 속도가 떨어지기 때문이다. 따라서 거래는 보다 많이 그리고 큰 규모로 일어나는 것이 효율적으로 자산 배분을 조정하는 방법임이 확인된다.

4. 생산성 충격을 고려한 현실적 모형

가. 모형 캘리브레이션 결과

〈표 3-4〉는 앞선 〈표 3-3〉의 설정에서 다양한 생산성 충격을 가하여 균제 상태를 살펴보는 것이 목적이다. 2행과 3행에서 양의 생산성 충격이 일회성으로 가해지는 경우에는 그 크기와 상관없이 경제가 균제 상태로 수렴하는 기간이나 균제 상태에서의 지니계수가 크게 변화하지 않았으며, 생산성 충격의 증가로 인한 자산의 외부 순유입 크기가 커짐에 따라 평균과 중앙값이 증가하는 효과가 관찰되었다.

반면 4행과 5행에서는 얼마나 잦게 양의 생산성 충격이 발생하는지를 조정하며 균제 상태를 보았는데, 충격 주기가 매 3기마다 일어나거나 그 이상으로 잦은 빈도로 발생하는 경우에는 경제가 균제 상태로 수렴하지 않았다. 5행에서는 매 2기마다 양의 생산성 충격이 경제에 가해지고 있는데, 이 경우에는 재분배 정책과 거래를 통해 자산이 균등화되다가도 양의 생산성 충격으로 다시 2기 후에 분배 상태가 불균등해짐을 보여준다. 한편 거래가 여러 기 동안 발생하기 때문에 계속해서 자본소득과 거래 이익, 생산성 충격이 발생함에 따라 자산의 규모가 증가하여 평균과 중앙값이 높게 나타났다.

양의 생산성 충격과 음의 생산성 충격이 다른 효과를 내는지 알아보기 위해서 생산성의 방향을 음수로 전환하였다. 이 경우 일회성 음의 생산성 충격은 오히려 일회성 양의 생산성 충격보다 수렴 기간을 단축시키는 효과를 내었는데, 재분배 정책과 자본소득 등으로 음의 생산성 충격을 받은 경제주체들이 빠르게 자산 감소 충격으로부터 빠져나옴을 보여준다. 다만, 음의 생산성 충격이 지속적으로 잦게 발생하면 양의 생산성 충격이 2기마다 발생하는 것과 동일하게 경제가 균제 상태에 수렴하지 않는 것으로 나타났다.

다만, 생산성 충격의 크기가 10%에서 5%로 줄어들면 그 방향이 양이건 음이건 2기마다 잦게 일어난다 하여도 경제는 결국 균제 상태로 수렴하는 것이 확인된다. 다만 양의 생산성 충격이 2기마다 발생하는 경우에는 균제 상태로의 수렴 기간이 32기로 비교적 길며, 음의 생산성 충격이 2기마다 일어나는 경우에도 1열에서 나타난 균제 상태 수렴 기간보다는 긴 20기이다.

세율이 절반으로 낮아지는 경우에는 앞선 캘리브레이션들과 마찬가지로 지니계수가 크게 낮아지는 것이 발견되었다. 이는 정부에 의한 손실이나 균등해진 상태에서 지속적인 정부 개입으로 인한 자산 분배의 왜곡이 발생함을 시사한다. 또한 5%의 생산성 충격이 2기마다 발생하는 6행의 결과와 비교하여 균제 상태로 수렴하는 기간 역시 크게 단축되었다.

한편 거래 조건을, 격차가 자산 수준의 30% 이내로 되돌게 하고 거래 횟수도 늘리는, 마찰 요소를 줄이는 방향으로의 변화는 수렴 기간을 14기로 크게 단축시키는 효과를 낳았다. 결과상의 특징은 이렇게 수렴 기간이 짧아져서 자본소득이나 거래 이익에 따른 자본의 외부 순유입이 가능한 기간이 감소함에도 불구하고 평균과 중앙값이 1열이나 2행보다 높다는 점인데, 이는 거래가 더욱 잦게 일어나도록 경제 내의 여러 마찰적 요소를 제거하는 것이 적은 비효율을 초래하면서도 분배 상태를 빠르게 개선할 수 있는 방안임을 보여준다. 더하여 마찬가지로 6행과 비교하여 균제 상태로 수렴하는 기간 역시 줄어든 것이 확인된다.

과세 집단을 낮추되 재분배 대상을 늘리는 것은, 앞서 살펴본 생산성 충격이 없을 때의 모형과 마찬가지로 과세 집단을 줄이는 효과로 인해서 균제 상태에서의 지니계수가 낮아져 자산 분배가 더욱 균등한 방향으로 나타남은 물론, 정부 손실에 의한 자산 순유출의 크기도 줄어듦에 따라서 평균이나 중앙값은 같은 수렴 기간을 가진 다른 결과들과 비교하여 월등히 높음이 확인된다.

거래가 발생할 때마다 경제주체들이 받게 되는 이익의 크기가 증가하면, 경제 전반에서 양의 자산 충격의 크기가 증가하는 것과 동일하므로 같은 수렴 기간을 가진다 하더라도 소득 수준이 커진다. 이는 마지막 열에서 자본소득의 크기가 증가하는 것과 유사한 충격인데, 수렴 기간이나 지니 계수는 두 충격에서 비슷하며, 자산 규모의 크기에서만 자본 소득의 증가가 더 크게 나타난다. 이는 자본소득 증가는 매 기마다 모든 경제주체들에 동일하게 발생하는 반면 거래 이익률은 거래가 성립하는 경우에만 해당 주체들에, 그것도 교환하는 자산 규모에만 비례하여 발생하기 때문으로 보인다.

한편, 자본 교환율을 낮추는 것은 거래의 규모를 줄임으로써 거래에 의한 효율이나 이익을 줄이는 방향으로의 변화를 의미하는데, 이 경우, 6열과 비교하여 수렴 기간이 소폭 늘어남을 확인할 수 있다. 이는 거래에 따른 자산 재분배 효과의 크기가 줄어들기 때문에 경제가 균제 상태에 이르는 기간이 더욱 길어질 수밖에 없어서 생긴 결과이다.

나. 생산성 충격 유무에 따른 모형 비교

〈표 3-3〉과 〈표 3-4〉는 생산성 충격이 있느냐를 제외한 여러 요소에서 동일한 가정하에서 캘리브레이션을 실시하였다.

두 모형은 여러 유사점을 공유하고 있다. 첫째로 일부 경우를 제외하면 대체로 균제 상태에서 지니계수와 표준편차가 대체로 유사하다. 이는 생산성 충격이 거래에 의한 재분배 효과 및 정부 개입에 따른 재분배 정책을 통해 상당 부분 분배 효과가 희석될 수 있음을 시사한다.

둘째로 납세 의무를 지는 집단이 어느 정도이며, 조세 수입을 누구에게 분배하는지가 거의 동일한 방향과 크기의 효과를 낸다는 점이다. 이는 생산성 충격의 효과가 매우 크지 않으면서도 일정하거나 예측 가능하다면, 재분

〈표 3-4〉 생산성 충격을 고려한 현실 모형의 캘리브레이션 결과

초기 상태 : (739, 1,550, 2.368, 3,093, 3,808, 4,562, 5,429, 6,466, 8,120, 12,582) & 각 집단별 10,000명																
설 정												결 과				
거래 조건	거래 횟수	거래 이익률	자본 교환율	자본 소득	자본소득 상위%	세율 %	납세 상위%	분배 하위%	정부 손실	생산성 충격	충격 주기	지니 계수	수렴 기간	평균	중앙값	표준 편차
±20%	1	0.5%	57.7%	1.06	100%	11.8	50%	50%	3%	-	-	0.043	18	5663.0	5662.1	422.4
±20%	1	0.5%	57.7%	1.06	100%	11.8	50%	50%	3%	10%	일회	0.043	20	6238.2	6238.3	464.0
±20%	1	0.5%	57.7%	1.06	100%	11.8	50%	50%	3%	20%	일회	0.043	20	6771.9	6772.8	504.2
±20%	1	0.5%	57.7%	1.06	100%	11.8	50%	50%	3%	10%	5	0.043	22	8270.7	8273.9	612.0
±20%	1	0.5%	57.7%	1.06	100%	11.8	50%	50%	3%	10%	2	0.042	-	1.44e26	1.43e26	1.0e25
±20%	1	0.5%	57.7%	1.06	100%	11.8	50%	50%	3%	5%	2	0.043	32	12918	12814	954.6
±20%	1	0.5%	57.7%	1.06	100%	11.8	50%	50%	3%	-10%	일회	0.043	18	5661.1	5662.4	421.8
±20%	1	0.5%	57.7%	1.06	100%	11.8	50%	50%	3%	-10%	2	0.042	-	1.16e-13	1.17e-13	8.45e-15
±20%	1	0.5%	57.7%	1.06	100%	11.8	50%	50%	3%	-5%	2	0.043	20	3632.6	3636.2	268.8
±20%	1	0.5%	57.7%	1.06	100%	5.9	50%	50%	3%	5%	2	0.022	21	9149.9	9125.9	356.8
±30%	2	0.5%	57.7%	1.06	100%	11.8	50%	50%	3%	5%	2	0.047	14	7421.9	7432.8	612.8
±20%	1	0.5%	57.7%	1.06	100%	11.8	30%	70%	3%	5%	2	0.031	20	8937.5	9079.9	489.8
±20%	1	2.0%	57.7%	1.06	100%	11.8	50%	50%	3%	5%	2	0.043	20	8999.8	8925.1	665.4
±20%	1	0.5%	30.0%	1.06	100%	11.8	50%	50%	3%	5%	2	0.042	33	12991	12990	963.3
±20%	1	0.5%	57.7%	5.00	100%	11.8	50%	50%	3%	5%	2	0.043	22	21843	21682	1622

자료 : 저자 계산.

배 정책이 최종적인 균제 상태를 결정하는 데 더욱 결정적인 역할을 할 가능성을 시사한다.

반면 몇 가지 차이점도 존재하는데, 가장 큰 차이점이라면, 생산성 충격이 있는 경우 동일한 조건에서 수렴에 소요되는 기간이 증가한다. 이는 생산성 충격이 발생한 집단에서 다양한 재분배 효과를 통해 그 영향을 희석시키는 데 일정한 기간이 소요됨을 보여준다. 같은 맥락에서 현실적인 모형에서의 캘리브레이션이 일부 설정치를 매우 이상한 값으로 조정하지 않는 한 경제가 균제 상태로 수렴하는 것이 보장되었다면, 생산성 충격은 그 크기와 빈도에 따라서 경제가 수렴하지 않는 경우가 존재할 수 있었다.

또한 양의 생산성 충격이 존재하는 경우에는 마찰을 줄이는 방향으로의 전환이 오히려 수렴 기간을 낮추는 역할을 하나, 생산성 충격이 없는 경우에는 오히려 수렴 기간을 늘리는 방향으로 작용한다는 점이다. 이는 마찰을 줄임으로써 거래 빈도를 높이는 것이, 생산성 충격이 없는 경우에는 오히려 생산성 충격과 비슷하게 외부로부터의 자본 순유입의 효과를 내는 방향이 더 크게 작동한다면, 생산성 충격이 있는 경우에는 마찰을 줄이는 것이 양의 생산성 충격 효과를 경제 전체로 전파하는 재분배 효과를 크게 낸다고 해석할 수 있다.

제5절 소 결

본 장에서는 경제주체들이 노동과 자본을 교환하는 상황을 설정하였을 때 다양한 환경에서 자산 배분을 기준으로 경제의 균제 상태들을 살펴보았다. 이론적으로는 개인들 간의 자산 배분이 정규분포를 따르는 것으로 예측되는데, 캘리브레이션에서도 기본적인 설정에서는 유사한 결과를 얻을 수 있었다. 그러나 우리는 현실에서 자산 분포가 이러한 이상적인 분포를 따르지 않음을 확인할 수 있는데, 모형을 통해 그 이유를 포함하여 몇 가지 결론을 얻을 수 있었다.

첫째, 경제 내에 여러 생산성 충격이 잦은 빈도로 발생한다면 경제 내의 자산 분포가 일정한 상태로 수렴하지 않을 가능성이 높다. 실제 현실에서는 여러 경제주체들이 양 혹은 음의 생산성 충격을 경험하며, 어떠한 경우에는 두 가지 효과를 동시에 경험하기도 한다. 더군다나 모형 내에서와는 달리 이러한 생산성 충격의 크기와 방향이 일정하지 않은 데다가 예측하기 어려운 경우도 많다. 따라서 산업 구조나 경제 환경이 정체된 경우가 아니라면 대부분의 국가에서 자산 분포가 일정한 상태로 수렴하는 경우는 관측되지 않을 수 있다. 이는 Lindert and Williamson(1985)와 같은 일부 연구에서 영국이나 유럽 국가에서 최근 소득 불평등이 악화되지 않고 정체 상태에 머물러 있다는 결과가 나타나는 반면, Summers et al.(1984)은 유사한 시계열 자료를 가지고 미국과 저소득 국가에서 자산 불평등이 수렴하거나 지속적으로 감소하지 않는다는 결론에 도달한 것과 일관된 결과를 보여준 것이라 할 수 있다. 즉, 경제가 성장하거나 생산성 충격을 받는 경우에는 자산 불평등이 일정한 방향으로 수렴하지 않으나 정체된 경제에서는 수렴 현상이 강하게 관찰될 수 있다. 이는 우리가 이상적인 경우에 얻어진 자산 분포의 수렴을 현실에서 접할 수 없는 이유로서 작용하기도 한다.

둘째, 시장 내에서 거래를 위한 마찰이 적으면 적을수록, 경제 내에서 부가 창출되는 효과와 재분배 효과가 동시에 활발하게 일어난다. 또한 거래 규모가 커질수록 마찬가지로 거래가 활발해지는 것과 유사한 결과를 얻을 수 있다. 즉, 경제에 존재하는 여러 마찰적 요소를 제거한다면 장기적으로 경제의 성장률도 높이면서 시장 왜곡이 덜한 방향의 재분배 효과도 크게 얻을 수 있다.

셋째, 정부가 자산 재분배를 위해 취할 수 있는 수단과 관련된 문제는 어떠한 집단에 어느 정도의 세금을 걷어서 누구에게 얼마나 나누어 주느냐에 대한 의사 결정이라 볼 수 있는데, 여기서 가장 효과적인 것은 자산 재분배 대상이 되는 상하위 집단에 집중하는 것이 재분배 측면에서 효과적이라고 나타난 것이다. 물론 우리가 완전 균등한 자산 배분을 추구하는 것은 아니지만, 재분배 정책이 최상위 집단의 소득 일부를 거두어서 최하위 집단에 최소한의 수준 이상의 생계를 보장하는 데 초점이 맞추어져 있다고 한다면, 해당 집단들에 집중하는 것이 낫다는 것이다. 특히나 정부가 시장에 개입하여 조세를 수취하고 재분배를 실시하는 데에는 인력과 시간, 비용 등 행정력이 소모되며 이것이 경제 전체의 입장에서는 비용으로 작용하는데, 그 크기가 작으면 작을수록 장기적으로 경제에 바람직하다. 본 모형이 현실을 완벽하게 반영하는 것은 아니지만, 세금 걷는 집단을 상위 계층으로 한정하고 재분배하는 집단을 자산 하위 집단으로 한정했을 때 수렴 속도가 빨랐다는 것은 조세를 통한 재분배는 대상의 폭을 좁혀서 특정할 때 가장 효과적이고 빠른 효과를 낸다는 것을 시사한다.

한편, 정부의 개입에 따른 효과가 시계열적으로 역 U자형으로 효과를 낸다는 것을 확인한 점도 본 모형의 소득 중 하나이다. 즉, 정부가 재분배 정책을 펼치기 위해서 자산 상위 집단으로부터 소득을 거둬서 자산 하위 집단에 배분할 때 초기 상태부터 최종적인 균제 상태에 이르기까지의 시계열을 관찰하면, 재분배 정책의 효과가 래퍼 곡선(Laffer curve)과 같다는 것을 알 수 있다. 초기부터 어느 시점까지는 재분배 정책에 의해서 자산이 보다 균등한 방향으로 재분배되나, 일정한 시점이 지나서 자산 배분 상태가 어느 정도 고르게 되면 오히려 정부의 개입은 두 가지 측면에서 순손실을 초래한다. 첫째로 자산이 이미 어느 정도 균등해졌음에도 인위적으로 상위 집단을 분류하여 이들의 자산 중 일정 비율을 조세로 납부토록 함으로써 오히려 자산 배분이 결과적으로 왜곡되는 결과를 낳는다. 둘째로는 정부가 이러한 활동을 전개하는 과정에서 정부 비효율을 초래하여 자산 순손실을 발생시킴에 따라 경제 전반의 소득 수준이 낮아지고 활력이 떨어질 수 있다. 따라서 정부의 재분배 정책은 일정 시점이 지나면 점차 그 정도를 완화하는 방향으로 전환하거나 상하위로 특정 기준선을 설정하고 상위 기준선을 초과하는 집단에 대해서만 하위 기준선을 밑도는 집단으로 부의 이전을 추구하는 방향으로의 전환이 필요하다.

넷째, 자본 소득이 특정 집단에 편중되거나 오히려 부익부 빈익빈과 같은 역할을 할 수 있는데, 이에 대해서는 재분배 정책을 통해 개입하지 않으면 상당한 기간 동안, 혹은 수렴하지 않는 상태로, 불평등한 자산 분배 상태가 지속될 수 있다. 자본 소득에 대한 과세의 목적이 반드시 재분배에만 한정되는 것은 아니나, 재분배를 목적으로 하는 경우에는 자본 소득에 따른 수입도 과세 대상으로 고려할 필요가 있다.

제 4 장
결론 및 정책적 시사점

본 보고서는 노동시장에서의 여러 요소들인 임금, 노동공급, 노동수요, 그리고 소득 분배 등을 여러 이론적 접근 및 시뮬레이션을 통해서 확인하였다. 특히 제2장에서는 기존의 거시경제 모형에 관한 분석틀에서 진일보하여 경제주체들의 이질성을 부여하는 새로운 접근 방법을 다루었으며, 제3장에서는 여러 경제주체들이 한 경제 내에서 노동과 자본을 거래하는 모형을 구축한 후 다양한 변수를 조정해 가며 자산 분배 및 소득 수준 상태를 살펴보았다.

제2장에서는 최근 경제학 분석에 활용되는 인공지능(AI) 방법론들을 다루고, 이들을 경제 시뮬레이션 구조모형에 적용하는 방안을 분석하였다. 관련 문헌 중 이질적 경제주체를 다루고자 하였던 다중주체 강화학습(MARL)을 활용한 문헌을 살펴보고, 거시경제학에서 기존에 활용되는 이질적 경제주체 구조모형 개선 가능성을 논의하였다. 현재까지 제시된 MARL 방법론들을 검토한 결과, 이질적 경제주체의 각 주체에서의 효용극대화/이윤극대화 문제는 기존 경제학에서 활용하는 방법론을 적용하고 정부가 사회후생을 극대화는 최적정책을 도출할 때 심층학습 혹은 심층 강화학습을 적용할 수 있는 방법을 검토 가능한 것으로 보인다. 기술적으로 차원의 저주를 해결해야 하는 경우, 비선형·비모수적인 최적화 혹은 근사함수를 도출해야 하는 경우에 서술한 방법론들이 유용할 수 있다고 보았다. 사례로써, 먼저 Krusell and Smith(1998)와 같이 비모수적 근사가 필요한 경우 심층학습을

적용하여 장단점을 논의하였다. 또한 Mirrlees 최적 소득세를 도출하기 위해 정량적으로 현재 요구되는 계산부담 정도를 소개하고, 이와 같은 경우에 심층 강화학습과 같은 AI 방법론이 도움 될 수 있음을 논의하였다.

제3장에서는 경제주체들이 노동과 자본만을 거래하는 상황에서 다양한 초기 상황이나 환경 변수의 설정에 따라서 평균적인 소득 수준과 자산 분배가 어떻게 변화하는지 살펴보았다. 그 결과 경제 내에 마찰적 요소가 적을수록 소득 수준이 상승하는 것을 발견하였으며, 거래의 규모가 커질수록 경제 내 효율성이 올라가고 자산 분배도 수렴 상태로 빠르게 접근함을 알 수 있었다. 조세 정책 및 재분배와 관련하여는, 모형 내에선 재분배 정책의 대상이 되는 자산 상하위 계층에 정책을 집중하는 것이 정부에 의한 시장 왜곡을 줄이면서도 더 나은 분배 상태를 얻을 수 있음을 확인하였다. 특히나 정부의 재분배 정책이 시간이 흐름에 따라서 그 효과가 역 U자 형태로 작용할 수 있음을 발견한 것 역시 특징이다. 한편, 경제에 가해지는 생산성 충격이 일정 크기 이상으로 높은 빈도로 발생한다면 경제가 일정한 분배 상태로 수렴하지 않고 발산함이 확인되었으며, 이것이 성장률이 음이나 양 모두로 크거나 변동이 심한 경우에 자산 분포가 일정한 상태로 수렴하도록 관찰되지 않을 가능성을 시사하였다.

앞에서 서술하였듯이 본 연구는 서로 다른 두 가지 거시경제 모형을 통해서 노동시장을 각기 다른 초점으로 분석하고 있다. 제2장에서는 기존의 거시경제 모형에 인공지능 방법론을 접목하여 경제주체들의 이질성을 통해 노동시장의 주요 변수들을 바라보는 데 초점이 있다면, 제3장은 자연과학적인 모형을 구축하되 자산 분배와 균제 상태로의 수렴 여부를 분석하였다. 이로부터 얻을 수 있는 시사점은 학술적인 측면과 정책적인 측면으로 나누어 볼 수 있다.

학술적으로 본 연구의 기여는 주로 방법론상에서 찾을 수 있다.

AI 방법론은 경제학에서 차원의 저주를 해결하는 것이 중요한 경우, 혹은 비모수적·비선형적 문제를 다룰 때 도움을 줄 수 있을 것으로 기대할 수 있을 것으로 보인다. 이 잠재력을 잘 활용하기 위해서는 경제학자와 데이터 과학자가 각자의 전문성을 최대한 발휘해 엄밀하게 접근해야 그 성과가 극대화될 수 있다. 만약 경제학과 데이터 과학을 융합한 방법론이 긍정적으로 발전하고 더 많은 양질의 데이터가 확보된다면, 개인의 상황에 맞춘 맞춤형 정책을 도출하고 실현하는 것도 가능해질 것으로 기대한다.

제3장에서는 경제주체들이 여럿 존재하는 모형도 경제 활동을 일정 정도로 단순화할 수만 있다면 여러 환경 변수를 고려하여 분자나 원자 단위의 분석을 위해서 사용하는 자연과학적 접근으로 경제를 시뮬레이션할 가능성 제시하고 있다. 본 연구에서는 경제주체들의 이질성이 초기의 자산 수준으로만 한정되었으나 제2장과 접목하거나 다른 측면에서의 이질성을 도입할 여지도 열어놓고 있다. 또한 컴퓨팅 자원만 충분하다면 생산성 충격의 크기와 방향을 동시에 다양하게 놓을 수 있으며, 산업이나 업종, 직무에 따른 특성 역시도 경제주체별로 반영하여 모형을 돌릴 수 있다는 가능성도 확인하였다.

정책적으로는 제2장과 제3장에서 공히 소득 수준 등 국민 개개인의 상황이나 거시경제 환경에 따라 정부의 역할이 변화해야 할 필요성을 언급하고 있다. 제2장에서는 소득 수준별로 사회 후생을 극대화하는 최적의 한계세율이 다르다는 결론을 얻었으며, 제3장에서도 자산의 분배 상태에 따라서 정부의 재분배 정책의 강도나 시장에의 개입 정도가 달라질 필요성을 발견하였다. 특히, 초기 상태나 이후 일정 시점까지는 정부의 세율이 높다거나 시장에의 개입 정도를 높이는 것이 정당화될 수 있으나, 일정 수준 이상의 소득을 달성하거나 어느 정도 이상의 자산 배분 상태가 되면 정부의 시장 개입의 정도를 낮추고 세율을 줄이는 것이 합리적일 수 있다. 다만 정부의 목적이 반드시 사회 후생을 극대화하는 것이거나 자산의 완전 균등이 아님은 자명하다. 따라서 반드시 본 연구 결과가 정부의 조세 정책이나 재정 정책 방향 전반에 대해서 방향성을 제시하는 것은 아니다.

아울러 정보의 제한이나 비대칭성에 의해 발생하는 비효율이나 거래를 위해 수반되는 여러 마찰적 요소는 모두 경제 전반의 효율성이나 개인의 합리적 선택을 제한하는 요소로 작용할 수 있다. 거래와 상행위를 제약하는 여러 물리적 제약과 선택을 제한하는 정보의 제한 및 비대칭성은 최근 기술 발전으로 많이 해소된 것이 사실이나 여전히 정부의 정책은 이러한 마찰적 요소를 줄임으로써 경제 내에서 투자를 포함한 거래를 활성화하고 거래 규모를 키우는 데 초점을 둘 필요가 있다. 궁극적으로 경제의 소득 수준을 높이거나 후생을 제고하는 가장 좋은 방안은 시장 내의 경제주체들이 가장 합리적인 선택을 할 수 있도록 보장하는 것이며, 거래가 활성화될수록 보이지 않는 손에 의한 후생 증가와 경제 성장 효과는 더욱 클 것이다.

이는 노동시장도 예외가 아니다. 과거에 비해서 각종 채용정보나 기업별 임금 현황 및 처우 수준에 대한 정보가 많이 공개되어 공유되고 있으나, 여전히 많은 취업자와 기업들은 제한된 정보량과 비대칭적인 정보에 의한 어려움을 호소하고 있다. 노동시장의 경우, 모든 개인에게 한정된 시간만이 주어져 있다는 점 때문에 이러한 물리적 제약은 더욱 크게 와닿을 수밖에 없다. 따라서 노동시장을 더욱 유연하면서도 안정적인 구조로 바꾸기 위해서는 불필요하거나 소모적인 마찰적 요소 및 정보의 비대칭성을 해소하고 더욱 효율적으로 수요-공급의 원리가 작동할 수 있도록 노동시장을 바꾸어 나가야 한다.

참고문헌

김효인(2024), 「노벨물리학상에 'AI 대부'…존 홉필드 · 제프리 힌튼, 머신러닝 개발 공로」, 조선일보, https://www.chosun.com/economy/science/2024/10/08/LDU6SG2SMVBT5FEITYQA2ZHUDU/(접속일 : 2024. 10. 9).

나리타 유스케(2004), 『22세기 민주주의』, 틔움출판.

Achdou, Yves, Jiequn Han, Jean-Michel Lasry, Pierre-Louis Lions and Benjamin Moll(2021), "Income and Wealth Distribution in Macroeconomics : A Continuous-Time Approach," *The Review of Economic Studies* 89(1), pp.45~86.

Ahn, SeHyoun, Greg Kaplan, Benjamin Moll, Thomas Winberry and Christian Wolf(2018), "When Inequality Matters for Macro and Macro Matters for Inequality," *NBER Macroeconomics Annual.*

Aiyagari, S. Rao(1994), "Uninsured Idiosyncratic Risk and Aggregate Saving." *The Quarterly Journal of Economics* 109(3), pp.659~684.

Atashbar, Tohid and Rui(Aruhan) Shi(2023), "AI and Macroeconomic Modeling : Deep Reinforcement Learning in an RBC Model," *IMF Working Papers.*

Atkinson, Anthony B.(1971), "The Distribution of Wealth and the Individual Life-Cycle," *Oxford Economic Papers* 23(2), pp.239~254.

______(2002), "Top Incomes in the United Kingdom over the Twentieth Century," mimeo, Nu¢ eld College, Oxford.

Bardóczy, Bence, Matthew Rognlie, and Ludwig Straub(2021), "Using the Sequence-Space Jacobian to Solve and Estimate Heterogeneous-

Agent Models," *Econometrica* 89(5), pp.2375~2408.

Bewley, Truman(1977), "The permanent income hypothesis : A theoretical formulation." *Journal of Economic Theory* 16(2), pp.252~292.

Bliss, Christopher(2005), "Stochastic Dynamics and the Stationary Distrbution of Wealth," *Working Paper.*

Chambers, Dustin and Shatakshee Dhongde(2016), "Convergence in Income Distributions : Evidence from a Panel of Countries," *Economic Modelling* 59, pp.262~270.

Champernowne, D. G.(1952), "The Graduation of Income Distributions," *Econometrica* 20(4), pp.591~615.

Chan-Lau, A. Jorge(2017), "ABBA : An Agent-Based Model of the Banking System," *IMF Working Paper.*

Cho, Daeha and Eunseong Ma(2024), "Inflation Indexation and Zero Lower Bound," working paper.

Clark, Rob(2013), "Convergence in National Income Distributions," *JSocial Forces* 92(2), pp.413~436.

Curry, Michael, Alexander Trott, Soham Phade, Yu Bai and Stephan Zheng(2022), "Finding General Equilibria in Many-Agent Economic Simulations using Deep Reinforcement Learning," *arXiv.*

Dagum(1997), "A Systemic Approach to the Generation of Income Distribution Models," reprinted 266 C. Dagum from Journal of Income Distribution, 6(1), pp.105~126.

______(2006), "Wealth Distribution Models: Analysis and Applications," *Statistica* 66(3), pp.235~268.

Diaz-Gimenez, Javier, Vincenzo Quadrini and Jose-Victor, Rios-Rull(1997), "Dimensions of Inequality : Facts on the U.S. Distributions of Earnings, Income, and Wealth," *Federal Reserve Bank of Minneapolis Quarterly Review* 21(2), pp.3~21.

Epstein, Philip, Peter Howlett and Max-Stephan Schulze(2007), "Trade, Convergence, and Globalisation-The Dynamics of the International

Income Distribution, 1950-1998," *Explorations in Economic History* 44, pp.100~113.

Feenberg, D. and J. Poterba(2000), "The Income and Tax Share of Very High Income Household : 1960-1995," *American Economic Review* 90, pp.264~270.

Fernández-Villaverde, Jesús, Samuel Hurtado, and Galo Nuño(2023), "Financial Frictions and the Wealth Distribution," *Econometrica* 91(3), pp.869~901.

Fernández-Villaverde, Jesús, Joël Marbet, Galo Nuño, and Omar Rachedi(2024), "Inequality and the Zero Lower Bound," *Journal of Econometrics* : Forthcoming.

Fischer, ronald D. and Pablo J. Serra(1996), "Income Convergence within and between Countries," *International Economic Review* 37(3), pp.531~551.

Gallup, J. L.(2012), "The Global Convergence of income distribution," *Portland State University*, pp.575~603.

Heathcote, Jonathan, Kjetil Storesletten and Gianluca Violante(2017), "Optimal Tax Progressivity : An Analytical Framework," *Quarterly Journal of Economics* 132(4), pp.1693~1754.

Heathcote, Jonathan and Hitoshi Tsujiyama(2021), "Practical Optimal Income Taxation," *Working Paper.*

Hommes, Cars, Kostas Mavromatis, Tolga Özden, and Mei Zhu(2023), "Behavioral Learning Equilibria in New Keynesian Models," *Quantitative Economics* 14(4), pp.1401~1445.

Krusell, Per and Anthony A. Smith(1998), "Income and Wealth Heterogeneity in the Macroeconomy," *Journal of Political Economy* 106(5), pp.867~896.

Kydland, Finn E., and Edward C. Prescott(1982), "Time to Build and Aggregate Fluctuations," *Econometrica* 50(6), pp.1345~1370.

Lim, Seonkyu, Jeongwhan Choi, Noseong Park, Sang-Ha Yoon, ShinHyuck

Kang, Young-Min Kim, and Hyunjoong Kang(2024), “Bridging Dynamic Factor Models and Neural Controlled Differential Equations for Nowcasting GDP,” *CIKM 2024*, pp.4686~4693.

Lindert, Peter, H. and Jeffrey G. Williamson(1985), “Growth, Equality, and History,” *Explorations in Economic History* 22(4), pp.341~377.

Liu, Xuepeng(2009), “Trade and Income Convergence : Sorting Out the Causality,” *Journal of International Trade and Economic Development* 18(1), pp.169~195.

Maliar, Lilia, Serguei Maliar and Pablo Winant(2021), “Deep learning for solving dynamic economic models,” *Journal of Monetary Economics* 122, pp.76~101.

McAlister, Donald(1879), “The Law of the Geometric Mean,” *Proceedings of the Royal Society of London* 29, pp.367~376.

Mi, Qirui, Siyu Xia, Yan Song, Haifeng Zhang, Shenghao Zhu, and Jun Wang(2024a), “TaxAI : A Dynamic Economic Simulator and Benchmark for,” *arXiv*.

Mi, Qirui, Zhiyu Zhao, Siyu Xia, Yan Song, Jun Wang, and Haifeng Zhang(2024b), “Learning Macroeconomic Policies based on Microfoundations : A Stackelberg Mean Field Game Approach,” *Working Paper*.

Mirrlees, James A(1971), “An Exploration in the Theory of Optimum Income Taxation,” *The Review of Economic Studies* 38(2), pp.175 ~208.

Moriguchi, Chiaki and Emmanuel Saez(2007), “The Evolution of Income Concentration in Japan, 1885-2002 : Evidence from Income Tax Statistics,” mimeo, University of California, Berkeley.

Nirei, Makoto and Wataru Souma(2007), “Two FactorModel of Income Distribution Dynamics,” *Review of Income and Wealth* 53(3), pp.440~459.

Piketty, Thomas and Emmanuel Saez(2003), “Income Inequality in the

United States, 1913-1998," The *Quarterly Journal of Economics* CXVIII(1), pp.1~39.

Poledna, Sebastian, Michael Gregor Miess, Cars Hommes and Katrin Rabitsch(2023), "Economic forecasting with an agent-based model," *European Economic Review* 151, 104306.

Reiter, Michael(2009), "Solving heterogeneous-agent models by projection and perturbation," *Journal of Economic Dynamics and Control* 33(3), pp.649~665.

Romer, Paul(2016), "The Trouble With Macroeconomics," *Working Paper*.

Schulman, John, Filip Wolski, Prafulla Dhariwal, Alec Radford and Oleg Klimov(2017), "Proximal Policy Optimization Algorithms," *arXiv* 1707.06347v2.

Solow, M. Robert(1956), "A contribution to the theory of economic growth." *Quarterly Journal of Economics* 70(1), pp.65~94.

Summers, Robert, Irving B. Kravis and Alan Heston(1984), "Changes in the World Income Distribution," *Journal of Policy Modeling* 6(2), pp.237~269.

Zheng, Stephan, Alexander Trott, Sunil Srinivasa, David C. Parkes and Richard Socher(2022), "The AI Economist : Taxation policy design via two-level deep multiagent reinforcement learning," *COMPUTER SCIENCE* 8(18).

◈ 執筆陣

• 방형준(한국노동연구원 연구위원)
• 강신혁(한국조세재정연구원 연구위원)

거시모형을 통한 노동시장 미시적 기반 이해

▪발행연월일	2024년 12월 26일 인쇄 2024년 12월 30일 발행
▪발 행 인	허 재 준
▪발 행 처	한국노동연구원 30147 세종특별자치시 시청대로 370 세종국책연구단지 경제정책동 ☎ 대표 (044) 287-6081 Fax (044) 287-6089
▪조판 · 인쇄	고려씨엔피 (02) 2277-1508
▪등 록 일 자	1988년 9월 13일
▪등 록 번 호	제2015-000013호

정가 5,000원

ISBN 979-11-260-0777-6